# 伸びる子どもは○○がすごい

榎本博明

日経プレミアシリーズ

# プロローグ

## 子ども時代の過ごし方で将来の学歴や年収が決まる?

人間の心や頭の発達にとって子ども時代が非常に重要な意味をもつことは周知のことである。私が学生の頃から、心理学や教育学の領域で、子ども時代の過ごし方が将来に大きな影響を及ぼすことは強調されていた。

だが、このところ改めて子ども時代の過ごし方に注目が集まっている。

それには、ＡＩなど技術の著しい発達が子どもの生育環境を大きく変えているため、親としてどうするのがよいのかわからなくなっている、といった事情も関係しているだろう。受験年齢の低年齢化といったことも影響しているかもしれない。「できる子に育てたいなら幼いうちが勝負」というような、学習塾など子どもビジネス業者によるメッセージが、親を戸惑わせるという面もあるだろう。

しかし、それだけではない。2000年にノーベル経済学賞を受賞したジェームズ・ヘックマンが見出した知見に沿った研究が、その後も盛んに行われ、幼児期の教育の重要性がますますクローズアップされつつある。むしろ、こちらの要因の方が大きいのではないだろうか。

ヘックマンは、小学校に入る前の教育がその後の人生を大きく左右することを実証してみせた。しかも、就学前教育でとくに重要なのは、IQのような認知能力、いわゆる知的な能力を高めることよりも、忍耐力や感情コントロール力、共感性、やる気などの非認知能力を高めることだということを見出した。

幼い子どもの頃から教育的刺激を与えるのが好ましいということは、世の親たちの共通認識であるはずだ。

ただし、多くの親たちは、幼い頃から教育的刺激を与えることが大切だと言われると、計算ができるようにしたり、読み書きができるようにするなど、知的能力を鍛えることを連想しがちである。

だが、ヘックマンの研究によって明らかになったのは、社会に出て成功するためには、そのようにいずれ学校でやる勉強を先取りするよりも、非認知能力（本文で後述）を幼い頃から鍛えておく必要があるということなのである。

**知能は遺伝規定性が高いが、学力や仕事力には他の要因が強く関係する**

知能が高いからといって社会に出て成功するわけではない。知能が高いのに、社会に出て仕事がうまくできない人物はいくらでもいる。

仕事以前に、知能が高いのに、学力がそれほど高くない子どももいる。それをアンダーアチーバーという。逆に、知能はそれほど高くないのに、学力が高い子どももいる。それをオーバーアチーバーという。勉強ができるかどうかにも、知能以外の要因が大きく影響するのである。

それは、ある意味で救いとも言える。なぜなら知能は遺伝規定性が強いことが多くの研究によって明らかにされているからだ。知能は遺伝によって決まる部分が大きい。でも、学力や仕事力は知能で決まってしまうわけではなく、知能以外の要因が大きく影響する。しかも、その要因は、生後の経験によって高めることのできる能力なのである。

では、学力や仕事力に大きく影響する知能以外の能力とは、いったいどのような能力なのか。そして、その能力は、どうしたら高めることができるのか。

それを考えるのが本書の目的である。

## 今どきの新人に対して抱く違和感がヒントに

子ども時代に身につけておくべき能力。子ども時代に身につけておかないと、あとで取り返しのつかないことになりかねない能力。それを考えるにあたって、日頃新人に対して抱く違和感がヒントになる。

このところどんな職場でも話題になるのが、注意するとひどく落ち込む新人だ。仕事の段取りが悪かったり、提出した書類にミスが多かったりして注意すると、一瞬にして表情が凍り、仕事が手につかなくなり、心ここにあらずといった感じになる。翌日からしばらく休んでしまうパターンもある。そのため、上司も先輩も、新人の扱いには非常に気をつかうようになった。これでは鍛えて戦力に育て上げるのが難しいといった嘆きの声を耳にすることが多くなった。

注意に反発する新人もよく話題になる。仕事のやり方が雑だったり、ものの言い方や態度に丁重さが欠け取引先から文句が来たりして注意すると、ムッとした表情になる。今どきつく叱責することはないものの、ちょっと注意するとすぐに反発する。以前ならまったく問題にならなかった軽い叱責にも、傷つけられたと周囲に言い触らし、

「あれはパワハラじゃないですか」

などと不穏なことを口走る。そうなるとうっかり注意もできないため、組織として困るだけでなく、本人の成長にとっても大いにマイナスとなる。注意や叱責を糧《かて》にして成長していくタイプとは大きな差がついてしまう。

仕事上の注意やアドバイスをいくらしても改善がなく困っているという管理職の人たちと話すと、こちらの言うことが全然染み込まないというような意味のことを口々に言う。上司や先輩の言葉が染み込まない。それには人の思いに想像力が働かないということが絡んでいる。なぜそういうことを言うのかが理解できないのだ。言われて不快だという自分の感情にしか目が行かない。

いずれにしても何かにつけてすぐに感情的になる人物には手を焼くものだ。

思うように力を発揮できないと、

「どうもこの仕事は自分には合わないみたいです」

などとすぐに音《ね》を上げ、そのうち慣れてくればうまくできるようになると励ましても、

「無理です」

と投げやりな言い方をする。このように何でもすぐに諦めようとする傾向が気になるという声もしばしば耳にする。どんな仕事にしろ、最初からうまくできる人の方が珍しいのだが、どうも粘りが足りない。

自分が思うような評価が得られないとやる気をなくすばかりでなく、

「もう我慢できません」

などとキレる新人も目立つ。思い通りにならない状況をもちこたえる力が弱い。理不尽な要求や叱責をする取引先や客にキレてしまい、せっかくの関係を台無しにするケースもある。欲求不満に耐える力が弱いのだ。

入社早々、研修が厳しすぎると、母親からクレームが入るといったことも起こっている。

仕事を休むのに母親が電話してくるといったケースもある。忍耐力が乏しいというだけでなく、コミュニケーション力の乏しさを感じさせることもしばしばだ。

有給休暇を取る際には周囲の状況や他の人の都合を配慮するのがこれまでの常識だったが、そんなことにはお構いなしに、忙しい時期に突然有給休暇を申請する新人について嘆く声も聞かれるようになった。だれもが殺気立っている忙しさを感じないのか、自分が休むことで他の人にしわ寄せが行くといった想像力が働かないのか、自分の権利の行使が何よりも優先なのか、いずれにしても理解を絶すると呆れ顔で言う。

指示待ちの傾向も、想像力が働かないことに連動している。すべきことをしていないのを注意されたときに、

「そんなことは言われてません」

などと平気で言ってしまうのも、ひとつの指示から仕事の流れを想像して準備するといったことができないからだ。

ここにあげてきたような心理傾向は、知的能力そのものを意味するものではない。だが、勉強でも仕事でも、目の前のすべき課題をこなす力をつけるのに大いに関係することは、だ

れもが納得するはずだ。

さらに言えば、これは個人、あるいは個々の家庭だけの問題ではなく、企業など組織にとっても非常に深刻な問題でもある。傷つきやすい新人、忍耐力や欲求不満耐性の乏しい新人に手を焼いている組織にとっても、心が鍛えられた新人が入ってくるようになれば、大いに助かるはずだ。

では、勉強や仕事ができるようになるには、子ども時代にどのような心理傾向を身につけておくのがよいのか。厳しい社会の荒波を乗り越えていけるようにするには、子ども時代にどのような育て方を心がけたらよいのだろうか。それについて考える前に、まずは今の子どもも時代に何が欠けているのかを考えてみたい。

# 目次

若者にみられる問題の根っこは子ども時代にある
忍耐力の乏しい子どもたち
小学生の暴力件数が高校生を超える
小学校への移行でつまずく子どもたち
子どもに我慢させないしつけや教育の流行
レジリエンスが鍛えられず、自己コントロール力が育たない

# 第2章 早期教育に走る親たち
## ——はたして効果はあるのか ……………………

メディアを通して喧伝される早期教育
早期教育に効果はあるのか？
早くから勉強させることより大切なこと
せめて英会話くらいと思うことの危険
英語ができる子は頭が良い？
父親との遊びがもたらすもの

# 第　1　章

# 「頑張れない」「我慢できない」

## ——今の子ども時代に足りないもの

## 注意や叱責に耐えられない若者たち

これまで40年近く学生たちと接してきたが、今どきの若者をみていて感じるのは、傷つきやすい感受性の持ち主が非常に多いということだ。ちょっとしたことで傷つき、落ち込んだり反発したりする。感情的になりやすい。

企業の経営者や管理職と話す際に、だれもが口にするのが、近頃は若手社員の扱いが難しくなってきたということである。

ちょっと注意したり叱ったりすると、落ち込んで仕事が手につかなくなったり、ムッとした表情で言い訳したりする。ひどいときは、翌日から休んでしまったり、逆ギレして「傷ついた」「パワハラだ」と騒ぎ立てる。そうなるとややこしいため、うっかり注意することもできないという。

上司がパワハラを疑われたケースをみても、とくに横暴なことを言ったわけでもなく、かつてなら何も問題にならなかったような軽い叱責だったりすることもあり、なぜあんなふうに感情的になるのかわからない、と戸惑いをみせる経営者や管理職も少なくない。

20代〜50代の会社員７００人（20代〜50代の各年代１７５人ずつ、男女３５０人ずつ）を対象とした私たちの調査でも、若い世代の傷つきやすさが際だっている。

部下に注意やアドバイスをすると、自分を否定されたかのように感情的な反応をするため、指導がしにくくて困る。注意やアドバイスをすると、ひどく落ち込み、休んでしまうこともあり、腫れ物に触るような扱いになってしまっている。自由記述欄には、そんな管理職の声が非常に多かった。

若手部下の側にも、上司に叱られたのがショックで、上司から呼ばれるたびに心臓がバクバクするほど緊張するため、出勤できなくなったことがある、といった記述がみられた。

調査データをみても、「年長者からアドバイスされて、うっとうしいと思うことがある」という者が２割を超えており、とくに20代では３割近くになっている。

「他人に批判されると、それが当たっていてもいなくても無性に腹が立つ」という者も、とくに20代で45％と飛び抜けて高くなっている。

このように傷つきやすい若者が増え、叱責はもちろんのこと、注意やアドバイスにも落ち込んだり反発したりする風潮が強まっているため、新人に対してやさしく接する研修を行う企業まで出てきた。

日経ビジネス誌の調査では、新人を厳しく叱責した経験がない人が67・8％となっている。今どきの若者は、他人からの否定にはきわめて弱いため、そうした打たれ弱さへの対応として、ソフトな接し方を工夫する必要があり、そのために上司や先輩社員に対する研修が必要だというわけだ（日経ビジネス２０１５年4月6日号）。

そこまで気をつかってやらないといけないほどの打たれ弱さ。それでよいのだろうか。そんな心の弱さのままで厳しい人生の荒波を乗り越えていけるのだろうか。

学校では滅多に叱らなくなったが、社会に出れば叱られることもあるだろう。そこで、社会に出る前に「叱られ方研修」を行う大学まで現れた。朝日新聞（２０１８年3月31日付夕刊）では、そうした取り組みを紹介している。

新社会人に必要な能力のひとつとして、叱られたときの受け止め方が注目されており、上司や先輩からの言葉で嫌になって仕事を辞めるのではなく、その指摘をいかに自身の成長につなげるかを課題として、4月の入社を前に、「叱られ方研修」を受けている大学生もいるという。

## 叱られたことがない

このような傷つきやすい若者たちは、社会に出ていきなりそうなったわけではないはずだ。現に学校の先生たちも、生徒が傷つきやすく、ちょっと厳しくするとひどく落ち込んだり反発したりするし、何よりも保護者からのクレームがあるため、厳しく指導することができなくなっている。

学生たちに聞くと、これまで学校で先生から叱られたことなどほとんどないし、周囲の友だちが叱られるのを見たこともほとんどないという。私などが生徒だった時代には先生にきつく叱られるのは日常茶飯事だったが、どうも様相が一変しているようなのだ。生徒が悪いことをしても、先生は叱るのではなく、

「そういうことはしない方がいいよ」

といった感じで「お話をする」のだという。結局、先生たちは、生徒に望ましくない行動傾向がみられても、それを直接指摘して直させようとするのでなく、やんわり伝えて本人の自覚を促すことしかできないのである。

アルバイト先で遅刻して店長から叱られて、逆ギレして辞めた友だちがいるという学生たちが結構いるのだが、彼らによれば、これまで遅刻しても叱られることはなかったから、どうして叱られるのかがわからず、ムカついて我慢できなくなるのだという。

学校の先生たちと話しても、モンスターペアレント、いわゆるクレーマーのような保護者がいて、叱ったり厳しいことを言ったりすると文句が出るため、厳しい指導はしにくいという。規則違反を繰り返したり、授業中にいくら注意しても騒ぐのをやめない生徒を怒鳴って叱ると、

「親でも怒鳴ったことがないのに、先生が怒鳴るなんて。うちの子は先生が怖いから学校に行きたくないって言ってるんです。ほめて育てる時代になんてことをしてくれたんですか」

などと、親からクレームが来るのだという。

ある自治体の校長先生たちの集まりで講演した際に、アンケートをとらせてもらった。

その結果には、叱ったり厳しい指導をしたりしにくくなっている教育現場の実態が如実にあらわれていた。

「以前と比べて生徒をほめることが多くなった」肯定79・5％、否定6・8％
「以前と比べて生徒を叱ることが少なくなった」肯定61・3％、否定20・4％
「生徒をほめなければならないといった空気が強まっているのを感じる」肯定77・3％、否定4・5％
「生徒を厳しく指導するということがやりにくくなっている」肯定86・4％、否定11・3％
「生徒を叱るべきときでも叱りにくくなっている」肯定54・5％、否定22・7％

また、生徒の心理傾向に関しては、傷つきやすい、心が折れやすい、忍耐力が乏しいといった傾向をもつ生徒が増えているといった印象を、ほとんどすべての校長先生が抱いていることがわかった。

「叱られることに抵抗のある生徒が増えていると感じる」肯定88・7％、否定2・3％
「ほめられないと拗ねる生徒が増えていると感じる」肯定50・0％、否定15・9％
「傷つきやすい生徒が増えていると感じる」肯定88・7％、否定0％

「心が折れやすい生徒が増えていると感じる」肯定84・1%、否定2・3%
「生徒の忍耐力が低下しているのを感じる」肯定95・5%、否定0%

さらに、生徒の保護者に関しては、子どもに甘く、心を鍛えるということに目が向いていない保護者が多いと、ほとんどすべての校長先生が感じていることがわかった。

「子どもに甘い保護者が多いように思う」肯定90・9%、否定2・3%
「心を鍛えるという面に価値を置かない保護者が多いように思う」肯定79・6%、否定0%

こんなふうだから、今どきの若者には叱られることに対する耐性が乏しい者が多い。叱責を自分の成長の糧にする気持ちの余裕がなく、ただ傷ついてしまう。叱られたり、まずい点を指摘されたりすると、そこを反省して直そうという思いよりも、不快感の方が強く、反発したくなる。あるいは、傷つきに耐えられず、その場から逃げ出す。

実際、学生たちと叱られること、注意されることについて話すと、正当な注意であっても感情的に反発する傾向が強いことがわかる。

　授業中にやる気のない態度を注意された場合も、やはりムカつくのだという。それは注意されて当然なのではないかと問いかけても、

「そうかもしれないけど、やっぱりムカつくよなあ」

と言う。周囲の学生たちも頷く。でも、自分の態度が悪いわけだよねと問いかけると、

「そう言われればそうですけど、注意されたときはやっぱり感情的になっちゃいますよ」

「先生だって授業で言ってるじゃないですか。人間は理屈で動くんじゃなくて感情で動く面が強いって。注意されればだれだってムカつきますよ」

などと、悪びれずに答える。注意された自分が悪いという実感はほとんどないようなのだ。

　注意されたり叱られたりといった経験が乏しいため、注意されたり叱られたりすることに対する耐性が極端に乏しい。頭で考える余裕がなく、自分を否定されたような気になり、我慢ができず、感情的な反応を示してしまうのである。

## 失敗を過度に恐れる若者たち

失敗を恐れる気持ちはだれにでもある。だれだって失敗したくない。でも、失敗をあまり恐れると、気持ちが萎縮し、伸び伸びした行動が取れなくなる。

学生たちをみていても、失敗を恐れて何ごとに対しても躊躇する傾向が強まっているように感じる。そうした傾向について学生たちと議論したことがある。そこで浮上したのは、失敗経験の乏しさだった。

先生の指示に従って動けば間違いないし、勝手に動いて叱られるのは嫌なので、自分たちは失敗しないように先生のサポートに頼るようになったのではないか。言われた通りにやっていればうまくいくのなら、あえて自分からチャレンジする必要もないし。彼らの意見をまとめると、そのような感じだった。

これは、マニュアル依存や指示待ち傾向にも通じることだが、面倒見の良いサポート環境の弊害と言えないだろうか。教育までがサービス産業化し、学校がサポート環境をいかに整えているかを売り物にする動きに対して、私は常々疑問を感じてきたものだが、面倒見の良さが失敗を過度に恐れる心理を生み、自発的な動きを妨げているのではないだろうか。

ここで改めて認識しなければならないのは、失敗することの意味や価値だろう。長く生きていればわかることだが、人生は失敗の連続と言ってよい。もちろんうまくいくこともあるだろうし、有頂天になることもあるかもしれないが、失敗のない人生などあり得ない。

偉人伝などを見ても、だれもが大きな挫折に直面し、それでもめげずに粘り強さを発揮し、知恵を絞って、何とか乗り越えることで成功を勝ち取っていることがわかる。いわば失敗を糧にして這い上がっている。

ＡＩなどの発展により、これからますます先の読めない時代になっていく。予測不可能なのだから、失敗を避けることはできない。失敗しながら歩んでいくしかない。失敗を恐れていたら前進できないし、失敗にいちいちめげていたら身動きが取れなくなる。そんな時代に求められるのは、失敗への対処能力を高めること、そして失敗から学ぶことである。

そこで大切なのは、失敗することの意味や価値をしっかり認識することである。だれだって失敗はしたくないが、実際には失敗することもあるし、ときに失敗するのも悪くない。そのことに気づくことだ。

## 傷つかないように気をつかう大人たち

子どもたちは、失敗することを通して、現実を生き抜く上で大事なことを学んでいくのである。それなのに、子どもを教育する立場にある大人たちがそこを見逃し、失敗を極力排除しようと過保護な環境をつくってしまっているように思われてならない。

運動会の徒競走で順位をつけなくなったことが話題になったのは、1990年代頃だったと思う。順位をつけないだけでなく、差がつかないように実力が同程度の子ども同士を走らせるようになっていた。

その頃、私は教育委員会関係の仕事をしており、足の遅い子が傷つかないようにといった配慮からそのように足の速さ・遅さという現実に存在する実力の差に蓋をすることの問題点を指摘したものだった。大切なのは、実力の差に蓋をすることではなく、足が遅いからといってバカにしたり、引け目を感じたりしないように教育することではないかと。

その後、学芸会などでだれを主役にするかに気をつかったり、みんなが主役気分を味わえるような工夫をしたりするようになったのも、わが子をなぜ主役にしないのかと文句を言うクレーマー化した保護者への対応とも言われているが、要するに主役になれなかった子が傷つかないようにという配慮によるものだろう。

「ほめて育てる」とか「叱らない教育」といったキャッチフレーズも、1990年代あたりから急速に日本社会に浸透していったが、これも子どもたちを傷つけず、できるだけポジティブな気分にさせてあげようという時代の空気によるものと言える。

塾や学校で懇切ていねいな指導をするのも、子どもたちが失敗して傷つくのを防ぐためと言えるが、それが売り物になるのも、子どもたちを傷つけるのはよくない、できるだけ子どもたちが傷つかないようにすべきといった価値観が広く共有されているからに他ならない。

コーチングの手法を応用した、子どもを傷つけない子育ての仕方がマニュアル化されたりして、子育てをする親たちは、子どもを傷つけないような言葉づかいを心がけたり、子どもをひたすらほめてポジティブな気分にさせようと気をつかう。

失敗による挫折感を子どもたちに与えない教育法が推奨され、教師たちは、子どもたちが失敗しないように手取り足取り導き、また子どもたちがポジティブな気分になれるように事あるごとにほめまくる。

ここで改めて考えなければならないのは、子どもたちが傷つかないようにという配慮がほんとうに教育的なのだろうかということである。

そもそも子どもたちが傷つかないようにといった配慮が強まってから、はたして子どもや若者の心はたくましくなっただろうか。嫌なことがあっても、思い通りにならないことがあっても、容易には傷つかず、前向きに頑張り続けられるようになっただろうか。むしろ逆に、傷つきやすい子どもや若者が増えたのではないだろうか。

失敗を過度に恐れる子や若者が目立ち、また「心が折れる」というセリフを耳にすることも多くなり、教育現場で傷つきやすい子どもや若者の対応に気をつかわなければならなくなっている現状をみると、傷つけないように配慮する子育てや教育は逆効果なのではないか。

子どもが傷つかないようにと大人たちが過保護な環境をつくり、子どもたちの失敗経験が奪われているせいで、失敗経験が乏しく、失敗に対する免疫がないため、いざ失敗すると大きな心の痛手を負う。立ち直れないほどの痛手を負う。そんなことが起こっているのではないだろうか。

## コスパを求め、じっと見守ることができない親たち

子どもが失敗しないようにと親が先回りして指示やアドバイスをすることによって、子どもの自発性が奪われたり、子どもが失敗しながら試行錯誤する経験を奪われたりする。その背景事情として、子どもが傷つかないようにといった配慮があることを指摘した。だが、もうひとつ指摘しなければならない背景事情がある。

それは、忙しい親たちがコスパを求めていることだ。

今は共働きをしながら子育てをしている親が非常に多い。正社員だろうが、非正規社員だろうが、忙しいことには変わりはない。

帰宅後は両親ともに疲れ切っており、子どもをゆったりと見守る気持ちの余裕がない。翌日も朝早いし、子どもを早く寝かせて自分も早く寝たいという思いに駆られるのも当然だろう。

休日も、溜まった洗濯物を片づけたり、買い物をしたり、布団を干したり、掃除をしたり、やらなければいけないことに追われる。

その上に、子どもの習い事の送り迎えがあったりする。子どもが小さいうちは、幼稚園や保育園の送り迎えもある。

すべきことに追われ、気持ちの余裕を失っているため、翌日の支度にしろ宿題にしろ、子どもに過剰に指示を与えがちとなる。わからないことがあって子どもが聞きに来ても、ヒントを与えつつ子どもに考えさせるのでなく、すぐに答えを教えたり、やり方を手取り足取り教えたりしてしまう。

そのため子どもは失敗することがないだけでなく、自分であぁだこうだと考えながら試行錯誤するということも経験できなくなる。

その結果、失敗を過度に恐れ、失敗すると立ち直れない感受性がつくられるとともに、自分で試行錯誤しながらあれこれ考えたり工夫したりする習慣を身につけることができず、自分でじっくり考えて判断する力をつけることもできない。

コスパというと良いことのように受け止めがちだが、それは努力をできるだけ節約しようという発想とも言える。日本人の仕事の正確さや熟練工のていねいな仕事は、惜しみなく手をかけることで成り立っているのであり、コスパとは正反対の発想のもとではじめて可能なものと言える。

子育てや子どもの教育も、惜しみなく手をかけるべき仕事であり、そこにコスパという発想を当てはめるのは適切とは思えない。心身ともに疲れ果てているということはあるだろうが、子どもの将来は子ども時代の過ごし方にかかっている面が大きいのだし、親としてはひと踏ん張りして、じっと見守る気持ちの余裕をもつようにしたい。

## 頑張れない・粘れない

子どもたちに負荷をかけない子育てや教育のせいで、忍耐力や頑張る力を身につけないままに大人になってしまい、頑張らねばならない状況で頑張ることができず、苦しんでいる若者も少なくない。

キャリア形成に関する授業で、頑張る力・粘る力について話したとき、授業のあとで教壇にいる私のもとに学生が相談に来た。

「意志が弱くていつも失敗するんですけど、どうしたらいいんでしょうか？」

と言うのだ。それを聞いていた別の学生たちも、いかにも同感といった感じに自分の思いを口にした。

「僕も同じです。頑張らなきゃって思うんですけど、すぐに諦めちゃうんです。どうしたら頑張れるようになれますか？」

「私も、これまで頑張ったことがないから、頑張る自信がないんです。授業聞いてて思ったんですけど、このままじゃダメですよね。どうしたらいいですか？」

一方で、周りを見てると頑張れない人が多いように思うけど、自分は部活の先生がメチャクチャ厳しくて、どんなに無理してでも頑張らないといけなかったから、そのお陰で頑張ることができるようになっているという学生もいた。

「無理しなくていい」

「頑張らなくていい」

そのような心のケアのためのメッセージを日常の子育てや教育にまで当てはめようとする動きが社会に広まってしまったことにも責任がある。そのあたりのことを慎重に考えずに負荷をかけない子育てや教育を推奨してきた人たちは、もっと責任を感じてほしい。

負荷をかけずに甘いことを言っていればよいのだとなれば、仕事で疲れている親は、そうしたメッセージに飛びつく。叱るのも、厳しいことを言って鍛えるのも、エネルギーが要る。気まずくなるのも気分的に疲れる。親にとって、負荷をかけずにほめていればいいというメッセージは、非常に魅力的なわけだ。ゆえに、「叱らなくていい」「ほめればいい」と言われると、世の親たちはついそっちの方に走ってしまいがちだ。その手の本は売れるし、セミナーも賑わう。子育て中の親はそうしたトリックに騙されないようにしたい。

負荷をかけない子育てや教育が広まったせいで、心が鍛えられていない若者が増えているということは、長年学生の相手をしていればだれもが感じることである。

たとえば、「心が折れた」というような言い回しが世の中に広まっていること自体、心が鍛えられず弱くなっていることの証拠と言える。今どきの若者は「心が折れた」というセリフをよく口にするが、少し前まではそのような言葉は使われていなかったはずだ。

大学生２３９人を対象に２０１７年に私が実施した意識調査において、心が折れる経験について尋ねている。それをみると、「心が折れたことがある」という者は60・２％、「ない」という者は25・４％であった。「心が折れそうになったことがある」という者は84・４％、「ない」という者は７・２％であった。このように、若者の８割以上が心が折れそうになったことがあり、6割が実際に心が折れたことがあると答えている。

また、「ちょっとしたことで心が折れたと言う人が多いと感じる」という者は59・1%、「感じない」という者は15・3%であった。

キレるというのも、心が折れるのと同様に、レジリエンスの低さと関係していると考えられるが、「ちょっとしたことでキレる人が多いと感じる」という者は59・5%。「感じない」という者は18・1%であった。

どちらの数字をみても、若者の6割が、自分自身レジリエンスが低く、ちょっとしたことで心のバランスを崩す者が多いと感じていることがわかる。レジリエンスというのは、心の復元力のことで、嫌なことや大変なことがあって一時的に落ち込んでもすぐに立ち直る力のことである。

今の若者のレジリエンスの低さは、多くの職場で話題になっている。経営者や管理職の人たちと会うと、すぐに傷つき落ち込む部下や新入社員に手を焼いているという話が必ず出る。いつもポジティブな気分でいられるように気をつかってもらえる子育てや教育のお陰で、厳しい境遇を経験していないため、厳しい状況に弱く、挫折を乗り越えることができず、すぐに心が折れてしまうのだ。

## 若者にみられる問題の根っこは子ども時代にある

このような若者にみられる問題をみてくると、その背景に子育てや教育の要因があることが明らかである。

社会に出ればさまざまな困難にぶつかるのは当然であり、それはいつの時代にも当てはまることである。

慣れない仕事に慣れるまでは、うまくできずに注意されたり叱られたりするものだ。そのたびに傷ついて落ち込んでいたら身がもたない。それを糧にして力をつけるしかない。

だが、このところ注意されたり叱られたりすると傷つき落ち込み、立ち直れない若者が増えているとしたら、心を鍛え、レジリエンスを高めようという子育てや教育がなされていないところに問題があると言ってよいだろう。

世の中にはものの言い方が乱暴な人もいれば、相手の気持ちを配慮できない人もいる。自分勝手でずうずうしい人もいる。たまたま上司や先輩、あるいは取引先担当者がそのような人物であることもある。そんな人物を相手にすれば、腹が立つのは当然だ。しかし、内心どんなに腹が立っても、何とか堪えて無難にやり取りができないと仕事にならない。

昔からそのような人物はいくらでもいたはずだ。だが、そこで我慢できずにキレてしまったり、辞めてしまったりする者がこのところ増えているとしたら、やはりレジリエンスを高めようという子育てや教育がなされていないところに問題があるのは明らかだろう。

人生というのは思い通りにならないことの連続といってよい。いくら頑張っても思うような成果につながらないことはいくらでもある。

必死に受験勉強したのに志望校に受からない。部活でいくら頑張って練習してもライバルの方が実力が上でレギュラーになれない。好きで好きでたまらない異性に告白したのに好意をもってもらえない。就活を頑張っているのになかなか内定が取れない。せっかく入社できた会社なのに仕事内容が思っていたのと違う。真面目に仕事しているし、それなりに頑張っているのに、上司との相性が悪く、評価してもらえない。

そのようなことはいくらでもあるし、それが人生というものだ。思い通りにならないことがあるたびに傷つき、落ち込み、心が折れたなどと言っていたら、厳しい社会の荒波を乗り越えていくことなどできない。

それなのに、そのような状況で心が折れる若者が増えているとしたら、生育途上でレジリエンスを高めようという育てられ方を経験していないところに問題があると言えるだろう。

そこで大切なのは、子育てや教育の現状の問題点を洗い出し、レジリエンスを高めるような子育てや教育にシフトしていくことである。

## 忍耐力の乏しい子どもたち

注意や叱責に耐えられない。頑張ってもうまくいかないとき、粘ることができない。理不尽な態度を取られると我慢できない。思い通りにならないと落ち込み、ひどいときは心が折れる。このような若手の扱いに戸惑う経営者や管理職が非常に多いわけだが、こうした傾向をもたらす要因のひとつが忍耐力の欠如である。そして、その徴候はすでに幼児期からみられる。

大阪市からの依頼で2006年に私が実施した大阪市内の幼稚園教諭を対象とした調査において、「今の子どもや子育て状況を見ていて気になること」について尋ねたものがある。

その結果、「今の子どもを見て気になること」の筆頭にあがったのが「忍耐力のない子が目立つ」であった。しかも、64％の教諭がそれが気になると答えており、その比率は他を圧倒している。

主な気になる点をあげると、以下のようであった。

「忍耐力のない子が目立つ」　64％
「周りに合わせられない子が目立つ」　52％
「過度に自己中心的な子が目立つ」　47％
「基本的生活習慣の欠如している子が目立つ」　46％
「自発性のない子が目立つ」　45％
「協調性のない子が目立つ」　44％
「友だちとうまく遊べない子が目立つ」　43％

ここには主として2つの傾向がみられる。つまり、幼稚園教諭にとってとくに気になる傾向として、まずひとつは、自己中心的で周囲に合わせられない子、いわば協調性がなく友だちとうまく遊べない子が目立つこと。もうひとつは、忍耐力、基本的生活習慣、自発性など、いわば自己コントロール力の乏しい子が目立つこと。

総合すれば、自分の感情や衝動、行動を必要に応じてうまくコントロールするのが苦手な子が多いのが気になるというわけである。これはまさに、後にみていく非認知能力の欠如を意味している。

2006年の幼稚園児というのは、今の20歳前の世代である。当時の幼児にみられる傾向は突然変異的に出現したわけではなく、しばらく前から続いていたはずなので、今の10代後半から20代の今どきの若者にみられる傾向の徴候は、すでに幼児期からみられ、当時の幼稚園教諭も非常に気にしていたことがわかる。

そして、そうした子どもたちにみられる傾向は、今でも基本的に変わっていないどころか、むしろ、より顕著になっている。つぎに示す3年前のデータをみても、そのことが明らかである。

2016年に山形県の放課後児童クラブ・子ども教室等の関係者を対象に私が実施した調

査では、子どもたちにみられる傾向として、「忍耐力のない子が増えていると思う」の比率が最も高く、86％がそう思うと答えていた。
主な項目に対する回答は、以下の通りであった。

「忍耐力のない子が増えていると思う」　86％
「協調性のない子が増えていると思う」　80％
「友だちとうまく遊べない子が増えていると思う」　76％
「わがままな子が増えていると思う」　75％
「きちんとしつけられていない子が増えていると思う」　75％
「傷つきやすい子が増えていると思う」　75％
「頑張れない子が増えていると思う」　61％

こうしたデータをみると、日々子どもたちの相手をしている人たちのほとんどが、忍耐力や協調性が乏しい子どもたちが増えていると感じていることがわかる。また、大半の人が傷つきやすい子や頑張れない子が増えていると感じている。

このことは、非認知能力（これについては第3章で詳しく解説する）を身につけないまま大人になっていく子どもたちがいかに多いかを物語っており、そのことが経営者や管理職が手を焼く今どきの若者の心理傾向をもたらしていると考えられる。

## 小学生の暴力件数が高校生を超える

幼稚園の先生たちが忍耐力がない、協調性がない、過度に自己中心的、基本的生活習慣が身についていないなどと懸念している子どもたちが小学校に進むわけだから、小学校の先生も大変だ。当然、子どもの側からすれば、学校生活への適応に苦労することになる。そのイライラが暴力を引き起こすといったことが起こっている。

小学校に入った途端に適応できずに問題を引き起こす生徒が非常に多くなっているが、小学生の暴力行為が急増しているところにも、衝動コントロール力の低さがあらわれている。

文部科学省による2017年度の調査をみると、教育機関における生徒の暴力行為の発生件数は、6万3325件であった。その内訳をみると、小学校2万8315件、中学校2万

8702件、高校6308件となっており、これまでは中学校が断トツに多かったのだが、小学校の発生件数が中学校と肩を並べている。そして、小学校の発生件数は、高校の4・5倍となっている。

じつは、2011年までは小学校での暴力発生件数は高校よりはるかに少なかったのである。2012年から小学校での発生件数が増え始め、ついに2013年に高校を抜き、2015年から年々さらに急増中であり、今や高校の4倍以上となっている。高校の件数を抜いてからわずか4年で4・5倍と大差をつけるほど急増中なのである。

自分の思い通りにならないと、つい暴力を振るってしまう。そんな小学生が急増しているのである。それも凄まじい増え方となっている。

こうした小学生の現状をみれば、子どもたちの衝動コントロール力がいかに低下しているかがわかるだろう。

## 小学校への移行でつまずく子どもたち

暴力にかぎらず、近頃の子どもたちの衝動コントロール力の欠如は無視できないところまで来ている。「小一プロブレム」などといって、幼稚園から小学校への移行でつまずく子どもが多いことが問題になっている。

授業中に席を立って歩いたり、教室の外に出たりする。あるいは、授業中に騒いだり、暴れたり、注意する先生に暴力を振るったり、暴言を吐いたりする。

忍耐力のない子が増えているといった幼稚園教諭や放課後児童クラブの関係者たちの懸念が、このような形の学校不適応となって現実化しているのである。

そもそも学校教育以前に、家庭で厳しくしつけられていない子どもが増えている。人間というのは、どうしても安易な方に流されやすい。「ほめて育てる」「叱らない子育て」といった風潮のせいで、子どもたちの多くは、社会性を注入されないまま学校に通うようになる。

そのため、元気に遊ぶのが中心だった幼稚園や保育園から、勉強をする場である学校への移行がうまくいかないのである。

東京学芸大学による調査では、小一プロブレムの発生理由として、「家庭におけるしつけが十分でない」が筆頭にあげられており、「児童に自分をコントロールする力が身に付いていない」と「児童の自己中心的傾向が強いこと」を合わせた3つが主要なものとされている。

そうした問題への対応として、授業を子どもにとってもっと楽しいものに工夫する試みが奨励される風潮があるが、そういう問題なのだろうか。

自分の衝動をコントロールできない。感情をコントロールできない。自制できない。自己中心性から脱却できない。相手の立場や気持ちを想像できない。コミュニケーションがうまくいかない。そうした社会性の欠如という子どもの側の要因を無視して、授業を楽しくしたり、先生の対応をよりやさしくしたりしても、子どもの自己コントロール力の向上にはつながらないし、子どもの社会適応を促すこともできない。

自己コントロールができないというのは、後にみる非認知能力の未発達ということであり、大人になってからの好ましくない傾向と深く関連してくるのである。

## 子どもに我慢させないしつけや教育の流行

子育て雑誌やネット上の子育てサイトでも、子どものほめ方がよく取り上げられる。私自身、そのような主旨の取材を受けることも多く、子どもをいい気分にさせればよいといった考えは危険だと警鐘を鳴らすのだが、時代の空気を変えるのは非常に難しい。

２０１５年に20歳前後の大学生と30代～60代の社会人を対象に私が実施した調査でも、「小学校時代に先生からよくほめられた」という人は、30代以上では37％なのに対して、大学生では53％と１・５倍になっている。

「小学校時代に先生からよく叱られた」という人は、30代以上では42％なのに対して、大学生では25％であり、前者の方が１・５倍以上となっている。

親の態度に関しても、「自分の父親は厳しかった」という人は、30代以上では43％なのに対して、大学生では32％と少なめになっている。「自分の母親は厳しかった」という人も、30代以上では51％なのに対して、大学生では40％と少なめになっている。「ほめて育てる」「叱らない子育て」といった考えが広まるにつれて、厳しいと感じる基準も違ってきていると考えられるので、現実の親の態度にはこの数字以上の差がみられるはずである。

その証拠に、「父親からよくほめられた」という人は、30代以上では20％なのに対して、大学生では34％と１・５倍以上となっている。「母親からよくほめられた」という人も、30代以上では36％なのに対して、大学生では61％と、１・５倍を大きく上回る数字になっている。

こうした時代の風潮に疑問を投げかけたのが拙著『ほめると子どもはダメになる』（新潮新書）である。タイトルは極端なものになっているが、「ほめて育てる」のは危険だと警鐘を鳴らしたものである。

つまり、「ほめて育てる」「叱らない子育て」というのは、親がラクをすることには貢献しても子どものためにはならない、ほめて育てれば自己肯定感が高まると言われてきたが実際は低下の一途をたどっており、傷つきやすい若者、我慢できない若者、頑張れない若者が世の中にあふれるようになっている、欧米のように個と個が切り離され、義務を果たさない者や実力を発揮できない者は切り捨てられる厳しい社会でほめるのと、日本のように心理的一体感があり、相手を丸ごと受容する社会においてほめるのとでは意味が違ってくる、これからは子どもの心を強く鍛えてあげることが必要だ、といった主旨でまとめたものである。

## レジリエンスが鍛えられず、自己コントロール力が育たない

親が子どもにどのようなことを期待するかを調べた国際比較調査がある。

それをみると、「親の言うことを素直にきく」ことを子どもに強く期待する親は、フランスで80・1％、アメリカで75・2％と8割近い比率なのに対して、日本では29・6％と著しく低い。欧米の親は子どもは親の言うことをきくものだと思っているのに対して、日本の親はそのように思う親は少数派にすぎない。子どもに我慢させるという発想が乏しいのである。

「学校でよい成績をとる」ことをどれだけ期待するかという問いに関しても、「強く期待する」という親は、フランスで70・1％、アメリカで72・7％なのに対して、日本では11・9％と、これまた著しく低い。欧米の親は子どもに強い期待を示すのに対して、日本の親には子どもに無理強いするのはよくない、子どもの自由にさせてあげたいといった思いがあるようだ。

実際、今の10代後半から20代の若者がしつけを受け始めた、あるいはしつけを受けていた2001年度に行われた調査の結果をみると、「どういう親でありたいか」という問いに対する回答で、最も比率が高かったのは「何でも話し合える友だちのような母親」で83・2％、2位が「できるだけ子どもの自由を尊重する父親」で82・8％、3位が「できるだけ子どもの自由を尊重する母親」で79・2%となっている。

そこには子どもが社会の荒波を乗り越えていけるように鍛え上げてやらなければといった意思はまったくみられない。

ここで、子どもに対して強大な権力者として君臨し、子どもの社会化を促そうという強い意思を窺わせる欧米の親についてみてみたい。

日本でもよく読まれている『フランスの子どもは夜泣きをしない』（集英社）では、フランスの親にとってはしつけが厳しいことが自慢であり、親は子どもに対して絶対的な権力者でなければならないと考えていることが紹介されている。そして、衝動コントロールができる子に育てようとしていることが、つぎのような記述から窺える。

「フランス人は、赤ちゃんが途方もない苦痛に耐えるべきだとは思っていない。だけど、多少のフラストレーションで子どもがつぶれるとも思っていない。むしろ、子どもがより安定すると信じている」

「フランス人の親は、子どもにフラストレーションを与えるダメージを心配しない。反対に、フラストレーションに対処できなければ、子どもがダメージをこうむると考えている。

フラストレーションに耐えることを、人生の核となるスキルだと見なしているのだ」

「フランス人の専門家や親は、子どもは『ノー』の言葉を聞くことで、自分の欲望という暴君から救われると考えている」

こうして厳しく育てられることで、世の中は自分中心に動いているのではないことを体得し、欲求不満にも耐えられるようになり、思い通りにならない現実をしぶとく生きることができるようになると考えられる。

それは、子どもの心を傷つけないように、いい気分にさせてあげられるように、ほめて育てよう、叱らずに育てようという、最近の日本の風潮とは真逆と言ってよい。

アメリカの教育家ノルトによる『子どもが育つ魔法の言葉』（ＰＨＰ文庫）は、日本でもベストセラーになり、ほめて育てることを説くものとみなされている。だが、よく読むと、ほめて育てるというよりも、言葉でほめることをしながらも、愛情をもって厳しくしつけることを説いている。

たとえば、子どもがだれかを傷つけたり、わざとモノを壊したりしたときは、

「まず『そんなことになると分かっていたら、許さなかった』と、子どもにきっぱり言うべ

きなのです。そして、なぜそんなことになったのかを考えさせ、自分の行為を恥じさせ、反省させなくてはなりません。ときには、同じ失敗を繰り返さないように罰を与えることも必要でしょう」

とアドバイスしている。

また、ルールや約束事を例外なく守らせるという欧米流の子育ての基本も説かれ、「家庭内でルールを守らせるということは、子どもが社会の一員として生きてゆく上で、とても大切なことです」

「いちばん大切なことは、親の同情を引けばわがままをとおせるのだと子どもに思わせないように注意することです」

というように、子どもに歩み寄りがちな日本の親とは正反対の姿勢を推奨している。

こうしてみると、ほめることの意味が、欧米のように厳しい社会と日本のように甘い社会とではまったく異なることがわかるだろう。

かつては日本でも、子どもの将来のために、厳しい社会の荒波を乗り越えていけるように、そしてどんな状況の中でも力強く自分の道を切り開いていけるように、あえて心を鬼にして厳しく育てるということが行われていた。だが、1990年代頃から、教育評論家の人たちが文化的風土の違いを無視して、アメリカ流の言葉でほめる子育てを推奨し始めたために、日本中に「ほめて育てる」「叱らない子育て」が広まった。

そういうこともあって、教育的配慮に欠けた甘い子育てが横行し、子どもたちのレジリエンスが鍛えられず、自己コントロール力が身につかなくなってきたのである。

# 第 2 章

# 早期教育に走る親たち
## ——はたして効果はあるのか

## メディアを通して喧伝される早期教育

早期教育全盛の時代である。早期教育とは、乳幼児期から才能開発あるいは就学後の学習の先取りを目的として行われる教育を指すが、昨今では多くの子どもたちが、学習塾や何らかの習い事に通っている。すでに小学校に入る前から、週に3日も4日も塾や習い事に通う子も珍しくない。

わが子のしつけや教育について真剣に考える親の中には、こんなに幼い頃から学習塾に通わせたり習い事に通わせたりしてよいものだろうか、もっと自由に遊ぶ時間をもたせるべきなのではないかと疑問を抱く人もいるはずだ。実際、そのような相談を受けることもある。

だが、周囲の子どもたちが学習塾や習い事に通っているのをみると、後れをとったら大変だと不安になり、心の中に疑問を抱えつつも通わせてしまう。

子どもビジネスを標榜する業者の側も、あの手この手を使って世の親たちを早期教育に駆り立てようとする。わが子を早期教育に通わせて良かったといった体験談を発信したり、だれもが通わせているように匂わす記事を発信したりする。そうした情報があふれているため、よほどの信念をもっていないかぎり、早期教育を拒否することはできない。

さらには、心理学者や教育学者、脳科学者などの話を引き合いに出し、早いうちから知的刺激を与えておかないと取り返しがつかないことになるといった感じに不安を煽る。

私が子育てをしていた頃も、子どもビジネス業者からその手のチラシが入ったり、ダイレクトメールが来たりした。

「あなたのお子さんの教育はすでに0歳から始まっています」

などといって、0歳児からの早期教育を売り込むダイレクトメールが来たこともあった。それがとくに印象に残っているのは、推薦者として、私と同業である教育心理学者の名前が記されていたからかもしれない。

もし私が同業者でなかったら、多少の焦りを感じたに違いない。それほど巧妙な戦略が取られている。だが、私は教育心理学者としてその手の情報に精通していたため、「こんな宣伝に名前を貸してるんだなあ」と思う程度で、焦って早期教育に走ることはなかった。そして、子どもたちを伸び伸びと遊ばせていた。

わが子の友だちも学習塾やいろんな習い事に通っている子が多かったため、曜日によって遊ぶ相手が違ったりしていた。私も仕事柄土日だけでなく平日も時間の自由がきくことが多かったため、子どもたちをしょっちゅう街や自然の中に連れ出し、一緒に遊んだものだった。そんなとき、わが子について幼稚園の園長先生から、

「いつも元気に遊び回っていて、うちの園で一番子どもらしい子どもです」

と言われ、とても嬉しく思った記憶がある。

## 早期教育に効果はあるのか?

では、早期教育には、はたして効果があるのだろうか。そこのところが気になるという人も多いはずだ。

勉強でも、芸術系やスポーツ系の習い事でも、それぞれに工夫された教材なりプログラムなりに基づいており、熱意ある講師や指導者によって行われるのであろうから、よほどいかがわしいものは別として、効果がないわけがない。

学習塾を例にあげると、早期教育で文字を教えられた子は、周りの子が絵本の文字が読めないため大人に読んでもらっているのに、自分で読めるようになったりする。早期教育で計

算を教えられた子は、周りの子が計算などできないのに、足し算や引き算ができたりする。英会話塾にしても、簡単な単語や言い回しを教えられれば、周りの子が英語など聞いてもわからないのに、しゃべったりするようになる。

そのような意味では、早期教育には効果があると言わざるを得ない。では、そうした早期の学習をさせるべきなのかというと、けっしてそういうわけではない。

ここで慎重に考えなければならないのは、早期教育の意義である。効果があるということと意義があるということは違う。まったく別次元の話である。そこのところを混同しないようにしたい。

たとえば、みんながまだ字が読めないときに、わが子が字が読めるようになったとして、それにどれだけの意義があるのだろうか。小学校に行くようになれば、だれもが読めるようになるのである。

みんながまだ計算など習わないときに、計算を習ったわが子が足し算や引き算ができるようになったとして、それにどれだけの意義があるのだろうか。小学校に行くようになれば、だれもがそのくらいの計算はできるようになるのである。

みんながまだ英語など何もわからないときに、英会話塾に通うわが子が「ハロー」「サンキュー」「マイ・ネイム・イズ・だれだれ」などと言うようになったとして、それにどれだけの意義があるのだろうか。いずれそのくらいの言い回しはだれもができるようになるのである。

みんなができないことができて得意な気持ちになるということはあるだろう。でも、いずれ追いつかれてしまうのである。みんなに追いつかれ、やがてとくに素質のある子や勉強熱心な子に追い抜かれていくとき、周囲の友だちが自由に遊び回っている時期に塾にばかり通っていたことを、心の中でどう受け入れたらよいのだろうか。

さらには、幼い頃に友だちと思う存分遊び回ることなく、自分の興味のままに動く経験も乏しいことによって、人間関係力が身につかなかったり、自己コントロール力や自発性が育たなかったりするということもある。

逆に、早期教育に通わせられることもなく、自由なときを過ごしていたために、小学校入学時には学力的に平均より遅れていた子が、いろんな勉強に触れて興味をもち、好きな科目ができるようになり、進んでいた友だちに追いついていったりしたら、さぞ勢いがつくに違いない。

伸び伸びと遊び、友だちと積極的にかかわり、やりたいことを思う存分してきた子には、あふれるような生命力がある。友だちづきあいに支えられて楽しく過ごすことができるだろうし、必要に迫られたときには頑張る力、多少の困難には耐えられる心のたくましさが育っているはずである。

## 早くから勉強させることより大切なこと

小学校に上がってからつまずかないためにはスタートが肝心だとか、小学校に入ってからやることを先取りしてやっておけば自信がもてて後がスムーズに行くなどと言われたりする。それにも一理ある。

教室に座っていても、先生の言うことや板書内容がまったく理解できず、友だちが発言する内容も理解できないというのでは、学校生活への適応は難しい。

だが、学校の授業は子どもの発達に合わせてプログラムされているので、いきなりそのような事態に陥ることは、そうはあり得ない。

はじめての場や慣れない場では過度に緊張する子、できないことがあるとすぐに自信をなくしてしまう子、しっかり準備ができていないと落ち着かずパニックになってしまう子などの場合は、親が適応のための手助けをすることも必要だろう。

たとえば、少しずつ先取りして予習をさせるのもよいかもしれない。一度読んだり説明を受けたりしたことなら、教室での先生の説明は比較的スムーズに頭に入ってくるだろうし、予習してあるということによって未知な状況に対する過度の緊張からも解放されるだろう。

だが、自分の力の及ばないこと、準備が間に合わなくて十分力を発揮することができないこと、自分の思い通りにいかないこと、そんなことは生きていれば何度も経験するものである。どんな子どもも、成長の途上で、そうした苦い経験を積み重ねていくことになる。それでも前向きに生きていかねばならない。

そこで大事なのは、そうした挫折状況を何とか耐え抜く精神力、多少苦手なことでもできるかぎり頑張ってみる意欲、できないことをくよくよ気にするより気分転換してできることに全力を傾けられる楽観性、好きなことや興味のあることに我を忘れて没頭する集中力などを身につけておくことである。

すなわち、自分の生きる道を力強く切り開いていける自発性や忍耐力こそが、ほんとうになくてはならない能力であり、幼いうちから培っておきたい能力なのである。

自分から知りたい、わかりたい、できるようになりたいと思うより前から、わけもわからずに知識を与えられ、スキルを教えられ、覚えさせられる。そのような形の早期教育は、学ぶ意欲の向上に結びつくとは考えられない。大切なのは、知りたい、わかりたい、できるようになりたいと思う心、そう思ったときに自ら積極的に調べたり学んだりする意欲である。

子どもたちの学習塾通いが一般化することによって勉強への意欲が高まっているかと言えば、まったくそんなことはない。むしろ逆である。生徒や学生の学習意欲の欠如が指摘され、学業成績の低下も指摘されている。

こうしてみると、早いうちから勉強をさせることのメリットはあまりないと言ってよいだろう。

## せめて英会話くらいと思うことの危険

電車に乗ると、英会話と脱毛の広告ばかりが目立つ。

大学入試で英会話力が重視されるようになることや、小学校で英語が正規科目になることもあり、その動きを先取りした英会話塾などによる宣伝文句に煽られ、わが子に英会話を習わせようとする親たちの英語熱がますます高まっている。

ただし、そうした子どもビジネスあるいは英会話ビジネスの宣伝文句に乗せられると痛い目に遭う可能性があるので、注意が必要だ。

なぜかと言えば、英語教育の専門家の間では、早く始めた方が英語ができるようになるというのは幻想にすぎず、母語をきちんと習得してからの方が、英語も効果的に習得できるとされているからである。それゆえ、同時通訳の第一人者である鳥飼玖美子など英語教育の専門家の多くは、小学校から英語を学ばせることに反対の姿勢を取ってきた。

認知心理学の観点からしても、母語体系が習得できていることではじめて、それをもとに外国語がうまく習得できると考えられる。

バイリンガル教育が専門のカナダのトロント大学教授のジム・カミンズも、母語の能力が外国語学習を支えるとしている。トロント在住の日本人小学生を対象としたカミンズたちの研究によれば、母語の読み書き能力をしっかり身につけてからカナダに移住した子どもは、しばらくすると現地の子どもたち並みの読み書き能力を身につけることができる。それに対して、母語をきちんと身につける前の年少時に移住した子どもは、発音はわりとすぐに習得するものの、読み書き能力はなかなか身につかない。

学力と関係するのは、会話力や発音ではなく、読み書き能力なので、教科学習をしっかり習得できるだけの言語能力、つまり学習言語の習得という意味では、年少で移住するより年長（5〜6年生）で移住した方が好ましいことが明らかになったのだ。年少時に移住した子どもたちは、すぐに会話ができるようになるものの、学習言語の習得に支障があり、授業についていけなくなる。

ここで重要なのは、日常会話で用いるコミュニケーション言語と勉強に必要な学習言語を区別することである。コミュニケーション言語を習得することで日常会話はうまくこなせても、それだけでは学校での勉強など知的活動をスムーズに行うことはできない。

母語の学習、私たち日本人であれば日本語の学習をおろそかにして英会話に時間や労力を費やし、「うちの子は英語でアメリカ人と会話ができる」などと喜んでいると、バイリンガルどころかセミリンガルになってしまい、後に学校の勉強についていけなくなる恐れがある。セミリンガルとは、この場合で言えば、日本語力も英語力も両方とも中途半端で、思考の道具としての言語を失った状態を指す。

つまり、日本語も英語もペラペラになったとしても、思考の道具としての学習言語を身につけていないため、学校の授業についていけないばかりか、自分の内面の繊細な思いを表現できなかったり、抽象的な議論が理解できなかったりする。これでは専門的な本を読むこともできないし、就ける職業も限られてくる。

私たち日本人は日本語でものを考える。ゆえに、まずは日本語能力を鍛えておかないとものを考えることのできない頭になってしまうのである。

## 英語ができる子は頭が良い？

英会話業界が派手に宣伝攻勢をかけているとはいえ、なぜ世の親たちの間で英会話熱が高まり、競うようにしてわが子に英会話を習わせようとするのかと言えば、英会話ができることがカッコイイと思っており、英語ができる子は頭が良いと思っているからだろう。それが大きな勘違いなのだ。

英会話というと、日本人は勉強と同じもののように勘違いしがちだが、日本語の会話で考えてみれば、その勘違いに気づくはずだ。

たとえば、おしゃべりな子が勉強ができるというわけではないだろう。日本語会話ができる、つまり友だちと流暢な日本語でおしゃべりしているからといって、「あの子はすごい」「あの子は頭が良い」とは思わないだろう。

たしかにかつては英語ができる子は勉強ができる子だった。そんな親自身の過去の経験が勘違いさせるといった面もある。

英語の授業が英会話中心になったというと、何か良いことのように思う人が多いようだが、それによって英語の授業は頭を鍛える勉強ではなくなり、おしゃべりのスキルを身につけるものに変わり、勉強とはかけ離れた活動になったのである。

かつての英語の授業では、英文学を読んだり、文化評論を読んだりして、その理解や日本語への訳出の過程で、英語や日本語の知識を駆使し、国語で鍛えた読解力を最大限発揮しようとすることで、言語能力が鍛えられた。

人間は言語で思考するわけだから、言語能力が鍛えられれば、思考力も高まる。さらには、文学や評論の内容を理解することで教養も豊かになる。まさに英語の授業は頭を鍛え、知力を高めるための勉強になっていた。

だからこそ、かつては英語ができる子は、他の教科も含めて勉強ができる子だったのである。

このように英文を読んで日本語に訳す授業は、知識や思考力を総動員して知力を鍛える場になるが、英会話の授業は知的なトレーニングにはならない。

小中高を通した英語の授業で日常会話ができるような訓練をするとしたら、そこで行われるのは英語圏で生まれた子が幼児期までにできるようになる程度のことを身につけるための訓練にすぎない。

脳が著しい発達を示す幼少期に、その程度の活動のために貴重な時間と労力を費やしてしまってよいものだろうか。

英語学者の渡部昇一は、『英語の早期教育・社内公用語は百害あって一利なし』（李白社）という本の中で、「いま一匹の妖怪が日本を徘徊している。英語教育という妖怪が」として、英会話を重視する最近の風潮に警告を発している。

ノーベル物理学賞を受賞した益川敏英博士も、やたら英語を気にする最近の風潮に疑問を投げかけている。

「最近、国はどうしてこんなに英語、英語と熱心なのかな、と不思議に思うことがあります。（中略）学問で大事なのは『遊び』の心です。教科書通りに覚えることではない。自分で問題をつくり、自分で解いて、ここまでわかるんだと感動する。そんな経験がもとになって、物理や数学が本格的に好きになっていく。自分のセンス、感覚を研ぎ澄ましていくんです。そういうトレーニング、つまり何かに憧れ、情熱を燃やす」

「若いうちから英語に追いまくられていたら、そんな時間が持てなくなりはしませんか。それで4技能（著者注：聞く、話す、読む、書く）が身についたとしても、逆に専門分野の力がおろそかになったら元も子もない。英語はあくまでも他者に何かを伝えるための道具、手段なんですから」（朝日新聞2014年11月26日付）

では、なぜ大学入試で英会話を重視したり、小学校で英語が正規科目になったりするのだ、と訝しく思うかもしれない。そんな動きがあるくらいなのだから、英会話を早くから学ばせることには教育上大きなメリットがあるに違いないと思う人もいるかもしれない。だが、ここは慎重に考えるべきだろう。わが子の将来がかかっているのだから。

マーケティングを学んでいる学生が、「必要ないものを欲しがらせ、買わせるのがマーケティングの醍醐味だ」などと開き直ったようなことを言うことがあり、私はそんな考えで後悔なく真っ当な人生を送れるだろうかと疑問をぶつけたりすることがある。だが、たしかにビジネスというのはそうした価値観で動いているようなところもある。

子育てしている親たちも、ビジネスの場では、そうした戦略に触れることがあるはずだ。子どもビジネスのマーケティング戦略に疑いの目を向けてみることも必要だろう。

## 父親との遊びがもたらすもの

私は職業柄、自分の時間配分をわりと自由にできる立場にあったため、そして家庭の事情もあり、夕方や休日に子どもを連れ出すだけでなく、子連れ出勤や子連れ出張もするなど、父親としてかなり子育てに携わったものだが、すでに父親になる前から『仕事で忙しいお父さんのための夫婦・親子の心理学』（日本実業出版社）という父親の子育て参加を推奨する本を書いていた。

それは、不登校・家庭内暴力の子どもの相手をしたり、教員を目指している学生たちと不登校・家庭内暴力をはじめとする子どもの不適応について話し合ったりしている中で、母子密着・父親の心理的不在により家庭に母性があふれている現状に対して、父性の注入の必要性を感じていたからだ。だが、今から30年も前のことであり、父親の子育て参加を推進する力にはなれなかった。

今では子育てに参加する父親も増えているが、実際に父親がどのような形で子育てにかかわっているかというと、「お風呂に入れる」と「遊び相手をする」が圧倒的に多い。このような実態に対して、父親は子育てに参加しているといっても、遊び相手ばかりで、実質的に役に立たないなどといった批判がなされることがある。

そのような批判をする人は、大切なことを見逃している。それは、非認知能力の発達にとって遊びが非常に重要な役割を担っているということだ。

霊長類学者の山極寿一は、ゴリラの子育てにおける父親の役割に関して、つぎのように述べている。

「ゴリラの社会は父という存在をもつがゆえに、人類の家族につながる特徴を多く保持していると思われるのである」

「ゴリラのオスは特別子育てに熱心というわけではない。新生児には無関心だし、生後一年間は母親も子供をオスに近づけない。子供がオスを頼るようになった後も、オスは積極的に子供に近づこうとはしない。ただ、子供に対してすこぶる寛容で、子供が接してきても拒まない。子供たちが近くで食物をとることを許し、自分の体の上で遊ばせ、けんかの仲裁をしたり、外敵を追い払ったりする。教育者というよりは物わかりの良い保護者であり、子供の遊び相手といった役割を果たしている」（以上、山極寿一「家族の自然誌―初期人類の父親像」黒柳晴夫他編『父親と家族―父性を問う―』早稲田大学出版部所収）

このような記述を読むと、私たち人間の社会の父親の態度によく似ていると感じないだろうか。子どもと心理的に距離を置いているため冷静に対応できる。身のまわりの細々としたことに気を配るよりも、一緒に遊んだりケンカを仲裁したりして仲間とのかかわりに必要な社会性を注入する。

「人類の社会では、さらに子供の成長期間が伸び、成長期に子供が母親以外の仲間によって社会化される必要が生じて、父親の役割は一層重要になった。子供を母親の影響から引き離し、他の子供と対等なつき合いを学ばせるために、その子供から少し距離を置ける保護者として、父親は恰好の存在だったと思われる（後略）」（同書）

父親は子どもと遊んでばかりと批判されがちだが、子どもはそのような父親とのやり取りの中で、社会の中で生きていく上で大事なことを学んでいるのである。

心理学的な研究においても、心理的発達の度合いの高い子は、父親とよく遊ぶ傾向があることが示されている。また、父親とよく遊ぶ傾向がみられる子どもは、情緒性、社会性、自発性が高いといった知見や、父親の日常的な遊びが3歳児の情緒的および社会的発達に好影響を与えるといった知見も得られている。

たとえば、してはならないことを子どもに教えたり、子どもの言いなりにならなかったりする父親は子どもの発達に好影響を与えることがわかっているが、そのような父親の影響力があるのも、一緒に遊ぶことで日常的に気持ちのふれあいがもてているからと言えるだろう。

さらには、父親ならではの活発で動きのある遊びが、母親との二者関係から新たな人間関係へと世界を広げる有効な刺激として働くということも指摘されている。父親との身体を使った遊び体験を通じて、子どもは自分をコントロールしながら他者からの攻撃的な行動に対処することを学ぶということも言われている。子どもの気持ちに敏感であると同時に子どもの挑戦を引き出しながら遊ぶ父親の態度が、子どもの発達に好ましい影響を与えるということも報告されている。

そのような父親の遊び方について、人類学者の河合雅雄は、「大人は力を抜くことによって対等の場を設定しなければならない。そのとき、わざとらしく負ければ、勝っても子どもは不満であり、つまらないから、やめようということになる。おとなに要求されるのは演技力である」としている。

演技力というより、子どもの気持ちを想像し共感しながら、子どもが興奮し満足できるように手加減しつつ遊ぶことが必要になる。そのように相手に合わせるのは、間柄の文化を生きる日本人はとても得意なはずだ。

じつは、自己中心の文化を生きる欧米人は、子どもの発達状況に合わせて遊ぶのは、どうも苦手なようだ。欧米で大人が子どもと遊ぶ様子をみて、大人が子どもの気持ちに合わせて遊ぶのが苦手だと感じる日本人は多い。間柄の文化を生きる日本人は、何かにつけて子どもの目線に合わせた言動を心がける。

夫婦がお互いに「お父さん」「お母さん」と呼び合ったり、祖父母がお互いに「じっちゃん」「ばっちゃん」と呼び合ったりするのも、子どもの目線を通して夫婦がお互いを呼び合っているのである。

このような心理傾向をもつ私たち日本人は、子どもの立場に身を置き、子どもの気持ちに想像力を働かせながら、子どもと遊ぶことに慣れている。

日本の父親は、子どもと遊ぶ能力が優れているという点についてもっと自信をもってもよいだろう。

## 遊びを通して人との距離の取り方を学ぶ

知的な早期教育が流行るのと並行して目立つようになってきたのが人間関係力の低下である。引きこもりがついに１００万人を超えたというのが最近話題になっているが、引きこもりとまではいかなくても、人づきあいが苦手という若者が増えている。授業で接している学生たちにも、人づきあいに気をつかいすぎて疲れるという者が非常に多い。要するに人との距離の取り方がわからないのだ。いわば、対人距離失調症とも言えるような心理を抱える若者が多い。
相手との関係性によって、適切な距離感が異なってくるものだが、その調整がうまくいかない。そのため、知り合ってまもない頃にいきなり距離を縮めすぎて、相手から警戒されてしまったり、逆にいつまでたっても距離を縮めようとせず遠慮がちなためになかなか相手と親しくなれなかったりする。

そのような学生たちのカウンセリングを行っていたこともあるが、そこで感じたのは、大学生になってから人との距離の取り方を体得していくというのは、とても多難な道になるということだ。私たちは、人との距離の取り方を、勉強のように学校で教えられて身につけるわけではない。小さい頃から友だちと遊ぶことを通して徐々に身につけるのである。

そのような経験の積み重ねを抜きにして、大きくなってから、社会に出て行くにあたって人間関係力が必要だからといって、人との距離の取り方をいきなり体得できるわけではない。

年下の相手とかかわるのが苦手だから、部活も1年生のときは楽しかったのだが、2年生になり後輩が入ってくるようになって、どうにも窮屈で、部活を辞めたという学生もいた。このままでは社会に出てから困ると思い、相談に来たわけだが、年下の相手とのほどよい距離の取り方がわからないという。

反対に、年上の相手が苦手という学生もいた。わりと世話好きで、後輩に対しては堂々と振る舞えるのだが、先輩が相手だとどんなふうに接したらよいかわからず萎縮してしまい、ものすごく緊張して苦しいというのだ。年上の相手とのほどよい距離の取り方がわからないのである。

いずれにしても、このような人との距離の取り方をめぐる葛藤は、子ども時代の遊び経験の乏しさによるものであることが多い。

かつて、近所の子どもたちの遊び集団が機能していた時代には、とくに仲のよい子も、それほど仲よくない子も、一緒になって遊んだため、さまざまな距離感でのかかわりを日常的に経験して成長した。

また、近所の遊び集団にはさまざまな年齢の子どもたちがいたため、年上の子や年下の子とも日常的にかかわらざるを得ず、自然にいろんな目線で人とかかわる姿勢を身につけていった。

ところが、今のようにとくに気の合う数人の友だちとだけ遊んで過ごす時代になると、さまざまな人間関係を日常的に経験することがないため、人との距離の取り方がわからないという者が非常に多くなっているのである。

知的な早期教育に熱心になっているうちに、もしかしたら社会で生きていく上で重要な人とかかわる力が致命的に乏しくなっている、といったことも起こり得るのである。というか、実際に起こっているのである。

## 遊びはさまざまな非認知能力を発達させる

うちの子は集中力がないと嘆く親も少なくないが、それは親が子どもにやらせたいこと、子どもにもっと集中してほしいことに集中してくれないという意味であり、そんな子も自分が好きなことには集中しているのではないだろうか。

たとえば、幼い頃から学習塾や習い事に通わせている場合など、その予習や復習をさせようとしてもやる気がなく、集中しないものの、友だちと遊ぶときには夢中になって遊び、遊園地に連れて行くと飽きることなく遊び回り、ハイキングとかに連れて行くと歩き疲れてもけっこう根性で頑張り抜く。そんなことがあるものだ。

好きなこと、興味のあること、楽しいことなら、心から集中できる。子ども時代には、そのような経験を積み重ねることが大切である。幼い頃に思い切り遊んだ子どもの方が、大きくなってから必要なときに頑張ることができるというのも、何かに思い切り集中することを経験していることが大きいのではないだろうか。

うちの子は自発性が乏しく、何でも自分からやろうとしないから困ると嘆く親の声もしばしば耳にするが、口うるさく言わないと宿題をやらない、試験勉強をしなければいけないのに自分から積極的にやろうとしない、就活しなければいけない時期になっても周囲から何も言われないとのんびりしてしまい自分から動き出すということがない、というようなことがあるようだ。

これにも、子どもの頃から自発的に動く経験を積み重ねてきたかがかかわっている。子どもにとって、遊びというのは、最も自発的な行動である。一方、学習塾や習い事に通ったり、その予習や復習をしたりというのは、子どもにとって自発的な行動でないことが多い。

親から言われた通りに従っていることが多い。

大きくなってから自発的に動くためには、自発的に動くことを十分経験している必要がある。子どもの頃は親の言う通りに動くことばかりを求められ、大きくなったら突然自分で動けと言われても、子どもは戸惑うばかりである。自発的な動きをほぼ禁じられてきたわけだから。ゆえに、自発性を身につけるには、子ども時代に思い切り遊ぶことが必要なのである。

非認知能力とはどのようなものを指すのかについては、つぎの章で詳しく解説するが、集中力や自発性といった知的能力とは異なる能力は、子ども時代の遊ぶ経験の積み重ねを通して身につくものと言える。

## ＡＩの時代にますます重要になる想像力

これからはＡＩの時代になり、人々の暮らしにも仕事の形にも大きな変化が生じると言われ、未来を生きることになる子どもを育てる親としては、子どもにどんな能力を身につけさせたらよいのか大いに迷うはずだ。そこで、ＡＩの苦手なことは何かを考えてみたい。

「ロボットは東大に入れるか」というＡＩプロジェクトの「東ロボくん」を育ててきた情報学者新井紀子によれば、ＡＩにはできることとできないことがあるという。

たとえば、教科書で「織田信長」と「楽市楽座」はいつも一緒に出てくることがわかるため、選択式の問題なら正答できる。だが、「市の日はどんな天気だと人々は喜んだでしょう」と聞かれたら答えられない。基本的にＡＩは言葉のパターンをみて、統計的に妥当そうな答えをみつけているにすぎない。つまり、言葉の意味を理解しているわけではないのである。

そんな「東ロボくん」なのに、高校3年生の上位2割に食い込む成績が取れるのである。そこに今の子どもたちの問題が窺え、これから育っていく子どもたちにとっての重要な課題がみえてくる。

新井たちの調査によれば、今の中学生の約2割は教科書の文章の主語と目的語が何かという基礎的な読解さえできておらず、約5割は教科書の内容を読み取れていない。これは、英語のことではなく、ふつうの日本語の教科書のことである。

ここから言えるのは、ＡＩの苦手なこと、つまり意味を深く理解できるようにすることが人間にとって大切だということである。そのためには、自らの体験に基づいて想像力を働かせ、未知の世界をより深くイメージできる力をつけることである。

「たとえば、何時間もアリの巣を観察する。子どもたちは、アリの様子を眺めるうち、自らの集団生活の経験も踏まえ、『役割分担』というのはこういうことなんだ、とストンと胸に落ちる。現実世界と『役割分担』という言葉がつながるのです。この実体験に基づいた論理的な推論力がないと、ＡＩを超えることはできません」（朝日新聞２０１６年11月９日付）

ゆえに、人間はリアルな実体験を積み、深く推論できる力を伸ばすことが重要だと新井は言う。

国立研究開発法人の科学技術振興機構でＡＩ活用プロジェクトにかかわっていた栄藤稔は、ＡＩは水をみせると「水」という名前だとは判断するものの、それが「流れる」「飲める」といったことは理解していないという（朝日新聞２０１６年11月９日付）。

そうしたことを理解できるようになるためには、やはり実体験が必要になる。

そのためにも、幼年時代には自然体験を豊富にすること、自然の中で思い切り遊ぶことが大切となる。それによって集中力や自発性が身につくばかりでなく、言葉や概念を実体験に結びつけて理解できるようになり、言語能力や感性が磨かれる。

かつての子どもたちが自然に経験していたようなことが、じつはとても意味のあることだったのだ。

自然体験ばかりでなく、人間関係を豊富に経験することも大切である。それによって人との距離の取り方が身につくことはすでに指摘した通りである。だが、人間関係を豊かに経験することで、人の気持ちに対する共感性や洞察力が身につき、それが人間関係能力だけでなく、文章の意味の読解力にもつながっていくということもあるのだが、このことは見逃されがちである。

## 世界の不思議は身近な自然や日常生活の中にあふれている

知的発達のためには、言葉や概念を実体験と結びつけて理解することが大事であり、じつはそれこそがＡＩの苦手とするところなのだ。

学校に行くようになると知識や考え方の学習が中心となり、大人になるとそれを現実の問題解決に活かすことが求められる。その基礎づくりとして遊びを中心とした日常体験がある。幼児期・児童期には、さまざまな遊びが体験学習になっているのである。

ノーベル化学賞を受賞した田中耕一も、小学校時代に理科の実験で感動した経験が原点になっているというが、教室での経験以前に、戸外の遊びによってさまざまな感動を得る機会があるはずである。そのときはとくに何も思わなくても、その経験があとになって大きなヒントになることもある。

ところが、近頃は、子どもたちは学習塾や習い事に駆り立てられ、自然体験も生活体験も非常に乏しくなっている。

生活体験について、私が大学生を対象に調査したところ、日曜大工系では、「ノコギリを使ったこと」がほとんどないという者が22%、「釘を打ちつけたこと」がほとんどないという者が16%などとなっていた。

家事系では、「服のほころびを繕ったこと」がほとんどないという者が37%、「取れたボタンを服に縫いつけたこと」がほとんどないという者が34%、「手でハンカチやシャツなどを洗濯したこと」がほとんどないという者が36%、「洗濯物を干したこと」がほとんどないという者が12%、「ご飯を炊いたりおかずを作ったりしたこと」がほとんどないという者が15%などとなっていた。

このように、身のまわりのことを自分でしないままに育った若者がけっこういることがわかる。ちょっとした経験が思いがけない発想のヒントになることもあるので、生活体験はできるだけ豊かにしておくのがよいだろう。

自然体験についても、私はいろいろ調査してきた。1990年頃に実施した調査でも、すでに若者が自然体験が乏しいままに育ってきていることが明らかになったが、その頃の若者を親として育ってきた今の若者のデータをみると、さらに自然体験が乏しくなっていることがわかる。

たとえば、水辺系では、「海や川で魚すくいをしたこと（金魚すくいなどは除く）」がほとんどないという者が64％、「生きている魚に触ったこと（鮮魚店などを除く）」がほとんどないという者が52％となっている。

植物系では、「種をまいて植物を育てたこと」がほとんどないという者が48％、「木登りをしたこと」がほとんどないという者が41％、「果実を木からもぎ取ったこと」がほとんどないという者が54％となっている。

昆虫や小動物系では、「セミやトンボを捕まえたこと」がほとんどないという者が48％、

「バッタやカマキリを捕まえたこと」がほとんどないという者が48％、「ミミズを触ったこと」がほとんどないという者が72％となっている。

その他の項目をみても、「泥遊び（公園の砂場などを除く）をしたこと」がほとんどないという者が45％、「落ち葉や枯れ葉で焚き火をしたこと」がほとんどないという者が73％などとなっている。

このように、一昔前まではだれもがごくふつうに触れていた自然が、いつの間にか非常に遠いものになっている。

自然というのは、なかなかこっちの思い通りにならないところがあり、自然体験は思い通りにならない人生を生き抜くための忍耐強さや知恵を与えてくれる。さらには、自然とのふれあいは、感動する心や待つ心を育ててくれる上に、あらゆる発想の源にもなる。

なお、2015年に公表された国立青少年教育振興機構による「高校生の生活と意識に関する調査報告書」によれば、自然体験の豊かな者ほど自尊感情が高いという傾向が明らかにみられる。自然体験の豊かさが自己肯定感につながっているようなのである。

このように心の発達にとって重要な意味をもつ自然体験が非常に乏しくなっているとした

ら、そこは何とか補っていく必要があるだろう。

## 学力の高い子どもの親には共通の行動特徴がある

２０１７年度に文部科学省により実施された全国学力・学習状況調査の結果と、その対象となった小学６年生および中学３年生の子どもたちの保護者に対する調査の結果を関連づける調査報告書がある。それをもとに、家庭環境と子どもの学力の関係について検討してみると、学力の高い子どもの親にはいくつかの行動特徴がみられる。

家庭環境と子どもの学力の関係については、さまざまな傾向が明らかになったが、ここでまず注目したいのが、知的刺激が満ちている場に子どもと一緒に出かける親の行動である。

たとえば、「子どもと一緒に美術館や劇場に行く」「子どもと一緒に博物館や科学館に行く」「子どもと一緒に図書館に行く」といった行動について尋ねているが、このような文化施設に子どもを連れて行く行動を親が取っている場合ほど、子どもの学力が高いことが示されたのだ。

美術館・劇場や博物館・科学館は、学力が高い層でも、「ほとんど行かない」という親が

3割程度いるが、「行ったことがない」という親は低学力層で2割を超え、高学力層の比率を大きく上回っている。

図書館は、どの学力層の親も美術館・劇場や博物館・科学館よりも頻繁に子どもを連れて行っているようだが、子どもと一緒に「ほとんど行かない」「行ったことがない」という親の比率は、高学力層と低学力層で大きく差がついている。「ほとんど行かない」親は低学力層が高学力層の1・5倍以上、「行ったことがない」親は低学力層が高学力層の2・5倍程度となっている。そして、「月に1回以上」という親は、逆に高学力層が低学力層の3倍近くになっている。

こうしてみると、子どもたちは、小さい頃から親に連れられて図書館をはじめとする文化施設に出かけることで知的好奇心が刺激され、そうした経験の積み重ねがその後の学習意欲につながっていることが推察される。

家庭の蔵書数と子どもの学力との間にも興味深い関係が見出されている。つまり、蔵書数の多い家庭の子どもほど学力が高いのだ。

この場合の蔵書数は、漫画や雑誌、教科書、参考書、子ども向けの本を除いたものとしている。ただし、子ども向けの本に関しても、蔵書数が多い家庭の子どもほど学力が高いという傾向がみられる。

小学6年生のデータをみると、蔵書数が0～10冊の家庭の子どもよりも11～25冊の家庭の子どもの方が学力が高い。それよりも26～100冊の家庭の子どもの方が学力が高い。さらに101～200冊の家庭の子どもの方が学力が高い。201～500冊の家庭の子どもの方が学力はさらに高く、501冊以上の家庭の子どもの学力が最も高い。

中学3年生でも、まったく同じ傾向がみられた。つまり、蔵書数が多ければ多いほど子どもの学力は高い。

だが、蔵書数は親の社会経済的背景と関係しているのではないかというのは、だれもが思うことのはずだ。データを確認すると、そうした関係は明らかに存在する。社会経済的地位の高い親の家庭ほど、つまり学歴や収入が高い親の家庭ほど蔵書数が多くなっている。

ただし、さらにデータを確認してみると、社会経済的背景を統制しても、家庭の蔵書数と子どもの学力が関係していることがわかる。

つまり、親の学歴や収入の低い層でも高い層でも、それぞれの層の中では、蔵書数が多い家庭の子どもほど学力が高いという傾向がみられたのである。

そうなると、家に本をたくさん買い込んで、子どもの目につくところに置いておけばよいと思う人もいるかもしれない。

だが、親が「本を読みなさい」「本はためになるのよ」などと言って、つぎつぎに本を買い与えてくるのが苦痛で仕方がなかった、そのせいで本が嫌いになった、という声もしばしば耳にする。思い当たる人もいるはずだ。

そこで浮上するのは、親自身が知的好奇心をもって暮らしているかどうかということだ。

蔵書数の多い家庭の子どもほど学力が高いという傾向、そして文化施設に子どもと一緒に出かける親の子どもほど学力が高いという傾向を合わせて考えると、親自身の知的好奇心の強さが子どもの学力の高さに影響しているとみるのが妥当だろう。

つまり、蔵書数の多い家庭は、親自身が知的好奇心が強く本をよく読むため、その結果として家庭の蔵書数が多くなる。さらに、子どもと一緒に美術館・劇場や博物館・科学館、図書館といった文化施設に行こうと思う。そのような親の心理傾向が子どもにとって知的刺激に満ちた環境を生み出すのである。

こうしてみると、わが子の学力を高めたいと思うなら、まずは親自身が知的好奇心をもち、知的刺激を求めるように心がけることが大切と言えそうである。

# 第　3　章

# 幼児期の経験が
# 将来の学歴や収入を
# 決める？

## ノーベル賞受賞学者が見出した幼児教育の効果

幼少期の経験がその後の人生を大きく左右するというのは、よく言われることである。たとえば、人格面の発達に関して、乳幼児期に養育者との間に愛着の絆をうまく形成することが大切であり、それがうまくいけば人を信頼でき、自己受容も進み、安定した対人関係を築けるようになるが、うまくいかないと情緒不安定になり、人を信頼できず、自己受容もできず、大人になってからの対人関係も不安定になりがちであるとされる。

知的な発達に関しても、幼少期の経験が大きな影響力をもつのだろうか。

労働経済学に関する業績で2000年にノーベル賞を受賞した経済学者ジェームズ・ヘックマンは、人生のどの時点において教育に金をかけるのが効果的かを探る研究を行っている。

その結果、就学前、とくに乳幼児期における教育の投資効果が絶大であることを見出した。その根拠となっているデータのひとつが、アメリカで行われたペリー就学前計画である。

そこでは、ペリー小学校附属幼稚園のアフリカ系貧困層の子どもたちを対象として、幼児教育プログラムの効果が検証された（日本心理学会監修『本当のかしこさとは何か—感情知性（ＥＩ）を育む心理学』誠信書房、ヘックマン　古草秀子訳『幼児教育の経済学』東洋経済新報社など参照）。

この実験では、子どもたちを2つのグループに分けている。

ひとつのグループの子どもたちは、3歳から2年間、平日の毎日、午前中に幼稚園に通い、初歩的な幼児教育のプログラムや遊びを中心とした活動に従事した。さらに、週に1回、子どもたちの親は先生から家庭訪問を受け、子どもたちの様子について、また発達や教育のあり方について話し合う機会をもった。これには子どもにとって重要な教育環境でもある親の意識を高める意味があったと考えられる。

もうひとつのグループの子どもたちは、とくに何も介入を受けることはなかった。

その結果、介入直後の時点では、介入を受けた子どもたちのＩＱは著しく伸びており、両グループの間に明らかな差がみられた。これは予想通りのことだが、幼児教育には効果があることが実証されたわけだ。

ただし、ＩＱの伸びは長続きしなかった。２年間の介入終了後は、徐々に両グループの差は縮まり、８歳時点ではほとんど差がなくなっていたのである。幼児教育がＩＱを押し上げる効果は、一時的なものにすぎなかった。

そうなると、幼児期の教育的介入には意味がないのだろうか。たしかにＩＱに関しては、ほとんど意味がないと言わざるを得ないが、それ以外の発達に関して、じつは大きな意味があるようなのだ。

## 大きくなってから効いてくる幼児教育の効果とは？

ＩＱに関しては両グループの差はなくなってしまったわけだが、その子どもたちが40歳になったときの状況を調べると、介入を受けた子どもたちの方が、高校卒業率、収入、持ち家比率などが高く、離婚率、犯罪率、生活保護受給率が低いというように、大人になってからの人生における成功率が高いことがわかったのである。

ヘックマンは、こうしたデータをもとに、乳幼児期において重要なのは、認知能力（いわゆるＩＱのような知的能力）ではなく、非認知能力をしっかり身につけることだと結論づけた。

その非認知能力というのは、自分を動機づける能力、長期的な視野で行動する能力、自分を信じる能力、他者を信頼する能力、自分の感情をコントロールする能力などである。その核となる要素のひとつが自己コントロール力だが、最新の心理学研究でも、自己コントロール力が人生の成功を大きく左右することが強調されている。

アメリカの心理学者テリー・モフィットは、１０００人の子どもを対象に、生まれたときから32年間にわたって追跡調査を行うことで、子ども時代の自己コントロール力が将来の健康や富や犯罪を予測することを発見した。

つまり、我慢する力、衝動をコントロールする力、必要に応じて感情表現を抑制する力など、自己コントロール力が高いほど、大人になってから健康度が高く、収入が高く、犯罪を犯すことが少ないことがわかったのである。

このような自己コントロール力は、まさに日本の子育てや教育において伝統的に重視されてきたものと言える。日本人の頭の良さは、かねてからしばしば指摘されてきたところであり、ＯＥＣＤの学力調査でも日本の若者や成人の学力の高さが示されているが、その理由は幼少期の育てられ方にあるのかもしれない。

日本人は何でも欧米に追随しようとする傾向が強く、教育や子育てでも欧米流を取り入れようとするが、アメリカの研究ではむしろ日本の教育や子育てで重視されてきたことの大切さが強調され始めているのである。そこのところを見逃さないようにしたい。

## ＩＱは同じでも学業成績が異なるのはなぜか？

学業成績には、認知能力、いわゆる知能検査で測定されるＩＱがかかわっているのは言うまでもない。だが、たとえ認知能力がほとんど変わらなくても、学業成績の良い子と悪い子がいる。ＩＱは高いのに学業成績がパッとしない子もいれば、ＩＱはそれほど抜きん出ていないのに学業成績が非常に良好な子もいる。ＩＱがそのまま学業成績に反映されるわけではない。

ここからわかるのは、学力にＩＱが関係しているのは間違いないとしても、ＩＱで測定される潜在的能力をどこまで発揮できるかには大きな個人差があるということだ。

そうした個人差は、何によって生み出されるのか。それがわかれば、ＩＱの高低にかかわらず、潜在的能力を十分に開発し、学業成績や仕事成績の向上に結びつけることができる。

そこで注目されているのが非認知能力というわけだ。

前章の、文部科学省によって2017年度に実施された全国学力・学習状況調査の結果と、その対象となった小学6年生および中学3年生の子どもたちの保護者に対する調査の結果を関連づける調査報告書をもう一度みてみたい。

それによれば、子どもの非認知能力と学力との間には、ゆるやかな正の相関がみられる。つまり、非認知能力が高いほど学力が高く、非認知能力が低いほど学力が低いといった傾向がみられた。

さらには、親の学歴や収入といった社会経済的地位と学力との間には、中程度の正の相関がみられる。つまり、親の学歴や収入が高いほど子どもの学力が高く、親の社会経済的地位が低いほど子どもの学力が低いといった傾向がみられた。

そして、子どもの非認知能力と親の社会経済的地位との間には相関はみられないことから、非認知能力と社会経済的地位は、それぞれ独立に学力に影響を及ぼしていることがわかる。

そこから言えるのは、学力が親の学歴や収入に規定されるものの、たとえ親の学歴や収入が高くなくても、子どもの非認知能力を高めることができさえすれば、学力を高めることができるということである。

この調査で得られたデータによれば、「子どもに努力することの大切さを伝えている」「子どもに最後までやり抜くことの大切さを伝えている」といった親による働きかけが、子どもの非認知能力の高さにつながっている。

何かにつけて努力する姿勢があり、困難に直面しても諦めずに最後までやり抜くことができる子どもは、当然勉強に関しても頑張り抜くことができるはずだ。学業成績を左右する要因は、こうした心理的な傾向にあると考えてよいだろう。

**ＩＱが高くてもＥＱが高くないと社会で成功できない**

前述のように、非認知能力というのは、自分を動機づける能力、長期的な視野で行動する能力、自分を信じる能力、他者を信頼する能力、自分の感情をコントロールする能力などである。

これらは、まさにＥＱ（心理学ではＥＩ＝情動的知性と言うが、ＩＱとの対比で一般にはＥＱと呼ばれている。心の知能指数などとも言われる）に相当するものと言える。

ＩＱというのは遺伝規定性が強い、つまり遺伝によって決定されている部分が大きいため、教育や本人の努力ではどうにもならない面が強いということが、心理学の研究で示されている。もちろん知的刺激を与えることでＩＱの発達を促すことができるが、遺伝によるもって生まれた素質は無視できない。

では、社会に出て活躍しているのは、遺伝的に優秀なＩＱの高い人かというと、必ずしもそうではない。ＩＱの高い人が必ずしも成功せず、ＩＱが平均並みの人が大成功したりするのはなぜなのか。

そうした疑問を出発点として、心理学者ゴールマンは、人生で成功するかどうかは、心の知能指数によって決まるのではないかと考えた。それがＥＱである。ＥＱは、生後のしつけや教育によって十分高めることができると考えられている能力である。

では、ＥＱとは、どのような能力を指すのだろうか。

ＥＱは、対自的能力と対他的能力に分けることができる。いわば、自分の心の状態を理解し、それをコントロールする能力と、他人の心の状態を理解し、それに対応する能力を指す。

これをもう少し詳しくみていくと、つぎのような構成要素に分けてとらえることができる。

**〈対自的能力〉**

①自分の感情や欲求に気づく能力
②自分の感情や欲求をコントロールする能力
③自分を鼓舞しやる気にさせる能力
④粘り強くものごとに取り組む能力
⑤ものごとを楽観的に受け止め前向きになる能力

**〈対他的能力〉**

①人の気持ちに共感する能力

②人の立場や意向を想像する能力
③人の言いたいことを理解する能力
④人に自分の気持ちを伝える能力
⑤人と気持ちを通い合わせる能力

子どものしつけや教育の中で、忍耐力や粘り強さ、共感性などを身につけさせることが大事だとされてきたが、それらはこのＥＱに相当するものと言える。

そして、実際にＥＱが高い方が、ストレス対処能力が高く、学業成績が良好で、職業的成功度が高く、社会適応が良く、人生の幸福感が高いことなどが報告されている。

## 勉強や仕事へのモチベーションもＥＱで決まる

何ごとに関しても粘り強く取り組む姿勢が成功につながるというのは、経験則としてだれもが知っている。学業成績を左右する要因が粘り強く頑張れるかどうかであることは、すでに指摘した。粘り強く取り組むことができるかどうかも、自分の心の状態をコントロールする力という意味で、まさにＥＱに相当する能力なのである。

心理学的な研究でも、小学生の学力には、ＥＱ、とくに自分の感情をうまくコントロールできるかどうかが関係していることが確認されている。

「中一の壁」などと言われるように、環境の大きな変化を経験する中学1年生にとっては、環境の変化に打ち勝って自分の心の状態を安定させることが求められるが、自分の感情をうまくコントロールできるかどうかが学力に関係することがわかっている。

これは容易に想像できることだが、ＥＱが低い場合は、困難に直面するとすぐにヤケを起こしたり、諦めたりしがちである。一方、ＥＱが高ければ、ネガティブな感情をうまくコントロールして、自分を鼓舞しながら、粘り強く困難に立ち向かうことができる。

ものごとに粘り強く取り組めるかどうかもＥＱしだいというわけだ。

モチベーションには理屈よりも気持ちの面が大きいことを考えると、感情コントロール力がいかに重要かがわかるはずである。

たとえば、試験前に勉強しなければいけないことは頭でわかっていても、どうもやる気が湧かない。そんな経験はだれにもあるだろう。そんなときに、自分の気持ちを鼓舞してモチベーションを高めることができるかどうか。それによって試験で成功するかどうかが決まってくるわけだが、そこにＥＱが関係してくる。

ＥＱが高いほど就職活動で成功しやすいという傾向もみられる。

その理由として、自分の感情を適切にコントロールでき、人の気持ちや立場に対する共感性が高く、自分の思いをうまく伝えることができることが、面接官の高評価につながるということがあるだろう。

だが、それだけではない。就活では思うような結果が出ずに苦しい思いをするものだが、そこで落ち込んだりヤケになったりしていたら、就活で成果を出すのは難しい。実際、いくつか落とされることでひどく落ち込み、モチベーションを維持できず、就活を投げ出し留年を決め込む学生や、アルバイターでいいと開き直る学生もいる。落とされればだれだって落ち込むが、そこからすぐに立ち直ることができないと先に進めない。それにもＥＱが関係する。けっして諦めたりせずに、前向きに頑張り続けられるのも、ＥＱの高さによるところが大きい。

就職してからも、ＥＱの高さは仕事上の業績評価や給料の高さなどと関係していることが報告されている。

いくら頑張ってもなかなか成果が出ないというのもよくあることだが、それでも諦めずに頑張り続けなければならない。自分なりに成果を出せても、ライバルがそれ以上の成果を出した場合など、評価されずに落ち込みがちだが、それでも頑張り続けるしかない。上司との相性が悪く努力や成果を正当に評価してもらえない場合も、腐らずに前向きの気持ちで頑張り続けるしかない。それができるかどうかもＥＱしだいと言える。

このように、忍耐力や衝動コントロール力など自己コントロール力があるほど、勉強にも仕事にも粘り強く取り組めるため、潜在能力を十分に活かすことができるはずである。

また、そうした自己コントロール力があるほど、人とのトラブルも少なく、公私にわたる人間関係を良好に保つことができるだろう。それは情緒安定をもたらし、モチベーションを高める効果をもつと同時に、周囲の人たちの好意的な対応も引き出すと考えられる。

ここで改めて強調したいのは、このようなＥＱは、まさに日本の子育てや教育において伝統的に重視されてきたものだということである。

日本の教育界では、何かにつけて欧米式を導入したがる傾向があるが、すでに述べたようにOECDによる学力調査でも日本人は非常に学力が高いことが示されているし、日本人の勤勉さや仕事の質の高さは世界的に定評がある。

さらに言えば、これまで知的能力ばかりを重視してきたアメリカでは、いくらIQが高くても、忍耐力や衝動コントロール力といった自己コントロール力が高くなければ社会的に成功できないと言われ始めている。

日本では、忍耐力や衝動コントロール力など自己コントロール力を重視する子育てや教育が伝統的に行われてきたのに、それを軽視するばかりか、自己主張の教育などといって、そこから脱しようとする動きさえある。

最近の国際比較調査のデータをみると、日本の生徒や学生の学力低下や学習時間の少なさが目立つ。また、叱られたり注意されたりすると落ち込んだり、逆ギレしたり、辞めてしまったりする新入社員が増えており、若者のストレス耐性の低さが話題となっている。

そうしたことを考えると、自己コントロール力を鍛える子育てや教育を再評価すべきだろう。

学校生活を順調に乗り切り、自分らしい進路を切り開いていってほしい、大人になってからの職業生活や私的な人間関係もうまくやっていける人間に育ってほしいと思うなら、日本の伝統的な子育ての良さを再認識する必要がありそうだ。

## 「すぐに諦める心」と「諦めずに頑張り抜く心」

随所で指摘してきたように、最近の若者をみていると、「頑張れない心」「すぐに諦める心」をもつ者が多いように思われてならない。頑張るという心の構えがあまりみえてこない。

「無理!」とすぐに諦めるようなセリフを吐く。「心が折れた」というセリフを安易に口にする。

そこには、幼児期以来の過保護な環境によって、たえずポジティブな気分にさせてもらえ、とくに厳しい状況に直面させられることなく、何かを頑張って乗り越えるといった経験をあまりしていないということがあるのではないか。

無理をさせると子どもの心に負荷がかかる、幼い子どもに負荷がかかると、子どもの心は折れてしまい、ときにトラウマになる、などという。だが、それは虐待のような深刻な事態について当てはまることであって、ふつうに負荷がかかることとはまったく関係のない話である。

むしろ、厳しい状況を耐え抜くことによって、「諦めずに頑張り抜く心」が鍛えられていくのである。きつい状況の中、諦めずに頑張ることによって、何とか逆境を乗り越えることができた。そんな経験が自信になって、「諦めない心」が育つのである。

わが子を過保護に扱う親が目立つが、その気持ちはわかる。私も2人の子どもを育てた親である。わが子に降りかかる火の粉は払いのけてやりたいと思うのが親心であろう。だが、過保護にするだけでは子どもに力がつかない。人生は思い通りにならないことだらけである。そんな人生を力強く前向きに生きていってもらわねばならない。そのためには、思い通りにならない状況に置かれたときも、粘り強く自力で頑張り抜く力をつけさせることが必要である。

その意味において、子どもに挫折を味わわせたくない親や教師の考え方は、間違っていると言わざるを得ない。

頑張ることで逆境を乗り越えた場合、達成感を得られるし、それは自己効力感につながる。究極まで頑張って得た成功体験は諦めない心を強化してくれる。

ただし、いくら頑張ったところでうまくいかないこともある。その場合、やっぱりダメだということで、挫折感を味わうことになる。そうなると、頑張ったってダメだということで、「諦めない心」の発達を阻害するのではないかと思われるかもしれない。そうした思いが、挫折を未然に防ぐために過保護にする必要がある、子どもたちを挫折体験から守らなければ、といった過保護な姿勢につながっているのだろう。

だが、それは一面的な見方にすぎない。成果主義の認知の枠組みをもつ場合は、頑張ってもダメだったということで、無力感をもつようになると考えられる。それはたしかに「諦めない心」の発達を阻害する。

一方、プロセスを重視する認知の枠組みをもつ場合は、結果的にはうまくいかなかったものの、一所懸命に頑張ったことのすがすがしさや充実感に目を向けることになる。それは「諦めない心」を強化してくれる。

大切なのは、認知、すなわちものごとの受け止め方なのである。「諦めない心」を育てようというなら、逆境を経験させないというのでなく、逆境に負けないものの見方を身につけさせるという方向で考えるべきだろう。

## レジリエンス——逆境に負けない心

「諦めない心」というのは、言い換えれば逆境に負けずに前向きに人生を切り開いていく力ということである。

そうした力は、心理学の領域ではレジリエンスとして研究が行われてきた。レジリエンスの研究は、逆境に強い人と弱い人がいるが、その違いはどこにあるのかという疑問に発している。

レジリエンスとは、元々は物理学的には弾力、生態学的には復元力を指すものであり、心理学的には回復力、立ち直る力を意味する。

レジリエンスの強さに関係する個人の特性についてさまざまな研究成果が報告されているが、それらを総合すると、レジリエンスが強い人は、つぎのような性質を身につけていると考えられる。

①自己肯定感が高く自己受容ができている
②楽観的で未来を信頼している
③忍耐強く、意志が強い
④感情コントロール力がある
⑤好奇心が強く、意欲的
⑥創造的で洞察力がある
⑦社交的で、他者を信頼している
⑧責任感があり、自律的
⑨柔軟性がある

この種の研究をみると、なるほどと納得できる結果が並んでいる。自己肯定感が高く、楽観的で未来を信頼し、忍耐強く、感情をうまくコントロールできる人が、逆境にあっても、困難にめげずに前向きに人生を切り開いていけるというわけだ。

だが、教育や子育てに携わる多くの人々が知りたいのは、どうしたらレジリエンスの高い子に育てることができるかである。すなわち、どうしたら自己肯定感が高く、楽観的で未来を信頼し、忍耐強く、感情をうまくコントロールできる子にすることができるのか、ということなのである。

このようなレジリエンスに関係する好ましい性質を身につけるためには、つぎのような要因が重要であると私は考える。

①自己肯定につながる認知スタイルを身につけること

②プロセスを生きる姿勢をもつこと

③頑張った経験があること

自己肯定につながる認知スタイルやプロセスを生きる姿勢については、親や教師による言葉がけや、親や教師の態度の模倣が大いに影響すると考えられる。そうした認知スタイルや生きる姿勢を促進することによって、困難な状況で萎縮したり、そこから逃げたりせずに、挑戦することができるようになり、頑張った経験が自然に蓄積されていくはずである。

では、どのような言葉がけをしたり、どのような態度を示したりすればよいのか。そうしたレジリエンスを高めるための対応については、第4章および第5章で具体的に示すことにしたい。

## 「落ち込みやすい心」と「落ち込みにくい心」

良いことずくめの人生などあり得ない。生きていれば嫌な目に遭うこともある。頑張っても報われないこともある。思いがけない窮状に追い込まれることもある。そんなとき嘆いたり落ち込んだりするばかりでは前向きに生きていくことができない。そこで大切なのが、感情反応より認知反応をすることである。

嘆いてばかりの人やすぐに落ち込む人は、何かにつけて感情反応をする傾向がある。一方、どんなときも前向きでいられる人には、認知反応をする傾向がみられる。

思いがけない窮地に追い込まれたとき、

「大変だ」

「こんなの、もう嫌だ」

「何でこんな目に遭わなきゃいけないんだ」

などと感情反応ばかりしていても先に進めない。そこで必要なのは、

「さて、どうしたらいいんだろう」

「とにかく今できることからしていかないと」

といった冷静な認知反応である。

　失敗をして叱られたとき、

「もうダメだ、見捨てられる」

「またやらかしちゃった、ほんとに自分はダメだな」

と感情反応に陥っていては、気持ちが落ち込むばかりである。一方、

「こりゃまずい。何とか挽回しないと」

「同じ失敗を繰り返さないように注意しよう」

といった感じの認知反応ができれば、落ち込むよりも失敗を糧にすることができる。

　人から嫌なことを言われたとき、

「なんであんなことを言うんだ、ほんとに嫌らしい」

「頭に来た、もうやってられないよ」

「何、あの態度、許せない」

などと感情反応に陥ってしまうと、人間関係をこじらせるだけでなく、前向きの気分になれ

ない。それに対して、

「ああいう人だから仕方ないな」

「どういうつもりなんだろう」

「虫の居所でも悪かったのかな」

というように感情的にならずに認知反応ができれば、無難に人間関係をこなせるし、ネガティブな気分に陥ることもない。

このように、感情反応をする人は、嘆いたり動揺するばかりで、建設的な方向になかなか歩み出すことができない。一方、認知反応をする人は、たとえ一時的な動揺はあっても、気持ちを切り替えて、建設的な方向に歩み出すことができる。

ゆえに、感情反応でなく認知反応をするように心の習慣をつくっていく必要がある。これについては、第4章で取り上げることにしたい。

## 社会的スキルが心の抵抗力を高める

嫌なことがあればみんな同じようなストレス反応が出るというわけではなく、人によってストレス反応の出方が違う。その違いをもたらす要因のひとつが、前項で解説した感情反応か認知反応かといった反応様式である。

そして、もうひとつの要因が、ソーシャルサポートである。これは、支えてくれる人間関係のことである。ソーシャルサポートがあれば、それによってストレス反応が軽減される。

ストレスにやられる人が増えている理由のひとつとして、社会的スキルが未熟なため、周囲の人たちからのサポートが得られない、それどころか周囲の人たちとの人間関係までもがストレッサー（ストレスの元になっていることがら）になってしまうということがあるのではないか。

実際、社会的スキルが不足するため自己開示できる相手がいない場合、そのためにストレスを感じやすく、抑うつ反応が出やすくなることが示されている。他者に対して情緒的サポートを与える社会的スキルが欠けている場合も、人間関係をうまく築けないためにストレスを感じやすく、抑うつ状態に陥りやすくなることが報告されている。社会的スキルが乏しいために人間関係のトラブルをうまく解決できない場合も、それによって抑うつ反応が出やすくなることが確認されている。

仕事の負荷がかかりすぎることがストレッサーになっている場合も、社会的スキルが高ければよいが、低い場合にうつなどのストレス反応が出やすいということも確かめられている。

今の中高年世代と違い、集団遊びを経験せずに育つようになって、社会的スキルが磨かれないままに大きくなってきた若い世代が増えている。

前にも例をあげたが、年上の人が苦手とか、逆に年下が苦手など、年齢の異なる相手とのかかわり方がわからないという声を聞くことも多くなった。また、とくに仲のよい友だちとだけ遊んできたため、親しい友だちならよいが、気が合うわけでもなく、何を考えているのかよくわからない職場の人たちとかかわるのが苦手だという声もよく耳にする。

社会的スキルが不足しているため、うまく間が取れないのである。そのような場合、相手のちょっとした言葉や態度に、「拒否されている」と感じたり、「自分なんかと一緒にいたってつまらないんだろう」と思ったりしがちである。それで人間関係に気をつかいすぎて、疲れてしまう。

これでは人間関係がサポートになるどころか、かえってストレッサーになってしまう。

ストレスと社会的スキルに関する脆弱性モデルというのがある。

これは、ストレッサーとなり得るネガティブライフイベント、つまり嫌な出来事を経験しても、社会的スキルが高ければとくに問題は生じないけれども、社会的スキルが低いとストレス反応が出たり、人間関係を悪化させたりしやすいというものである。

ここから言えるのは、ストレスに強くなり、ストレス症状が出るのを防ぐためには、社会的スキルを身につけることでストレッサーへの抵抗力を高めることが大切だということである。

そのように重要な社会的スキルだが、幼児期以来の遊びを通して徐々に身につけていくと考えられている。

## 怒りをコントロールできないと損をする

幼い子どもたちを見ていると、ほのぼのしたメルヘンの世界を生きているような錯覚に陥りがちだが、自分自身の子ども時代を振り返ってみればわかるように、子どもたちも子どもなりにストレスのかかる世界を生きているのである。

友だちから意地悪をされたり、嫌なことを言われたりして、怒りの感情に駆られることもある。運動が苦手な子は、球技のうまい子や足の速い子にバカにされることがあるかもしれない。勉強のできない子は、勉強のできる子から嫌味を言われることがあるかもしれない。人とかかわるのが苦手な子は、仲間外れにされたりするかもしれない。そのようなことはしてはいけないと先生や親から言われていても、子どもはつい衝動に駆られて攻撃的な言動や行動を取ってしまうことがある。

嫌なことがあってムシャクシャするのは、大人だけではない。私たちは、子どもの頃からムシャクシャする気持ちと闘っているのだ。子ども時代に自分の中のムシャクシャする気持ちをうまくコントロールするコツをつかめば、大人になって怒りの感情を爆発させてすべてを台無しにするようなことにならずにすむだろう。

子どもの頃に怒りをコントロールできるようにすることがいかに大切か。そのことを実感するために、怒りをコントロールできないと大人になってからどのような不利益があるかをみておこう。

## ①人間関係が壊れる

うっかり怒りを爆発させてしまった場合、相手との関係の悪化は免れない。こちらからすれば、

「そんな失礼な言い方は許せない」

「そんな理不尽な叱責には耐えられない」

「そんな勝手な言い分が通じるわけないだろ」

という思いがあり、怒って当然と考えていても、相手には相手の論理がある。たとえそれがあまりに身勝手な論理であっても、相手はその論理が正しいと思い込んでいる。そこで、

「何だ、その態度は」

「逆ギレか」

「融通の利かないヤツだな」

と、呆れたり、イラッときたりする。

怒りの感情は、相手のネガティブな感情を刺激するため、怒りが怒りを呼ぶといった悪循環に陥りがちである。「これはまずい」と慌てて衝動にブレーキをかけ、その場では何とか

取り繕うことができても、怒りを爆発させたことは双方の記憶にしっかりと残り、気まずさが漂うのは避けられない。

その結果、関係は悪化し、上司からの風当たりがよけいにきつくなったり、部下がますます反抗的になったり、取引先との関係が途絶えたり、せっかくの友情にヒビが入ったり、恋愛関係がこじれたりと、大きな損失を被ることにもなりかねない。

さらには、怒りを爆発させることで、それを目の当たりにした周囲の人たちから呆れられるなど、評価を下げてしまうということもある。これは、以下の③につながる問題である。

**②冷静な判断ができなくなる**

怒りを爆発させている人自身は、自分には怒るだけの正当な理由がある、だから怒っているは自分は正しいと信じ込んでいるわけだが、怒っている人を客観的に観察すると、衝動に負けて正常な判断力を失っていると思わざるを得ない。本人自身も、あとで振り返ったとき、「みっともない姿をさらしてしまった」と反省し、後悔することがあるはずだ。

怒りの感情に巻き込まれると、つい冷静さを失いがちだ。視野が狭くなり、ネガティブな視点からしかものごとをとらえられなくなり、ますます腹が立ってくる。ものごとを冷静に判断する心の余裕を失い、つい軽率な行動を取ってしまう。

その結果、せっかく築いた地位や人間関係を失ったり、手に入れかけたチャンスを失ったりといったことになりがちである。

### ③評価を下げる

怒りの感情に巻き込まれている人は、自分の姿をモニターする冷静さを失っている。そのため、怒りを爆発させている自分が相手や周囲の人たちの目にどう映っているかを想像できない。ふだんは人の目に自分がどう映っているかを気にする人でも、怒りの感情に巻き込まれると、そんなことはつい忘れてしまう。

店員や駅員に怒りを爆発させている人は、自分の怒りは正当なものだと思い込んでいるはずだが、それを冷静にみている周囲の人たちからは、

「みっともないなあ」

「日頃の鬱憤《うっぷん》が相当溜まってるんだろうけど、それにしても大人げないなあ」

「あんな見苦しい姿だけはさらしたくないもんだ」
などと蔑みの目でみられてしまう。

後になって、「まずいことをした」と後悔しても、時すでに遅しである。怒りを爆発させている姿は相手や周囲の人たちの目にしっかり焼き付いており、精神的に未熟な人物とみなされることは避けられない。

## ④仕事で損をする

ここまでの記述でわかるように、うっかり怒りを爆発させると、仕事相手や上司・部下に見限られることになりがちである。自分の感情をコントロールできず、取引相手や客に怒りを爆発させるような人物に仕事を任せようとはだれも思わないだろうし、そのような人物と一緒に仕事したいとはだれも思わないだろう。

たとえば、上司にキレた場合など、大きな損失になる。仮にきつい叱り方だったとしても、戦力になるように育てようという思いがあるから厳しいことを言ったのかもしれない。そこでキレてしまっては、せっかく鍛えてやろうと思ったのに逆ギレされるんじゃたまらないということで、そっぽを向かれかねない。キレるような容量の小さな人間に責任ある仕事は任せられないと思われても仕方ないだろう。

部下にキレた場合も、いろんな損失が考えられる。いくら部下の側の態度に非があったとしても、本人に自覚がない場合、周囲に噂を流され、「そんなことでムキになるなんて」と周囲の人たちから呆れられ、小人物と軽んじられることにもなりかねない。たとえ本人に自分に非があるといった自覚があっても、感情的に責められると反発心が湧くもので、気まずい感じになりがちである。小心な部下の場合は、上司の反応が怖くて話しにくくなり、ミスやトラブルなどネガティブな情報が入りにくくなる。いずれの場合も部下からのホウレンソウが機能しにくくなる。

人間というのは、理屈より感情で動くものである。ゆえに、一度感情的にこじれると、関係の修復は難しい。

### ⑤モチベーションが低下する

怒りを爆発させた場合、瞬間的にスッキリするものの、すぐに「やらかしちゃった」と後悔の念が強まり、「まずいな」「見苦しい姿をみせてしまった」とネガティブな思いが渦巻き、気持ちが後ろ向きになり、モチベーションが低下しがちである。

怒ったのが上司であれば、当然のことながら怒りをぶつけられた部下の側のモチベーションも低下する。こうして怒りをコントロールできないと、職場全体のモチベーションを低下させることになりかねない。

**⑥自信を失う**

怒ると気持ちいいかというと、けっして気持ちのよいものではないはずだ。前項でも指摘したように、スッキリするのは爆発した瞬間くらいなもので、すぐに後味の悪さや不快感に襲われるものだ。

感情をコントロールできなかったことを恥じ、「自分はほんとにダメだなあ」と自己嫌悪に苛まれる。それは自己肯定感の低下につながる。

### ⑦心の健康が損なわれる

イライラや怒りの感情を無理やり抑え込むことはストレスとなり、心の状態がネガティブになる。そうかといって、怒鳴ったり、文句を言ったりして、イライラや怒りの感情を発散しても、気まずさや後味の悪さ、自己嫌悪がストレスとなり、さらに人間関係がこじれたりしてよけいにストレスが増すことの方が多い。

やはり怒りの感情が湧いたときは、それをうまくコントロールする必要があり、怒りの爆発はストレス解消になるよりもストレスを増大させることになり、心の健康を損なうことになりがちである。

## ネガティブな気分にもメリットはある

ものごとを楽観的に受け止めることも大事だが、「ほめて育てる」「叱らない子育て」が広まることで、自らを振り返ることが少なく、人から注意されたことが染み込まず、同じ失敗を繰り返すなど、思慮の浅い心が世の中に蔓延している感がある。

また、「これで大丈夫だろう」などと楽観しすぎて、準備不足に陥るなど、慎重さに欠ける心も蔓延している。

さらには、ほめられるばかりで、叱られることがなく、たえずポジティブな心理状態に置かれることで、ネガティブな心理状態をもちこたえる力が弱くなっている。

このように考えると、ネガティブな心理にもポジティブなパワーがあることがわかるだろう。そのことは、心理学の実験や調査研究により科学的に裏づけられている。

ネガティブな心理のもつメリットとして、つぎのようなものをあげることができる。

①ネガティブ気分は記憶を良くする
②ネガティブ気分は対人認知の正確さをもたらす
③ネガティブ気分はモチベーションを高める
④ネガティブ気分は対人関係を良くする
⑤ネガティブ気分は説得力を高める

意外に思うかもしれないが、どれも心理学の実験により実証されている。

このようなメリットをもたらしている心理メカニズムとして重要なのは、ポジティブ気分のときは気が大きくなって、つい慎重さの欠ける判断をしやすいが、ネガティブ気分のときには慎重になるというものである。

その慎重さが、周囲に注意を払い、じっくり観察するという姿勢を促すため、目撃した出来事をよく覚えていたり、周囲の情景をよく思い出せたり、相手をしっかりと観察して判断したりできるのである。

また、ものごとがうまく進んだり、賞賛されたりして、得意な気持ちになっているときは、つい気が緩んで手を抜いたりしがちだが、切羽詰まっているときなどは必死にならざるを得ない。このことが、ネガティブ心理のポジティブ・パワーとなってモチベーションを高めたり、粘り強さをもたらしたりする。

得意な気持ちでいるときは、つい自己中心的になりがちなところもある。そのため、他者を軽んじるような態度を取る人もいる。失敗を恐れる心が、人に対する配慮を促し、相手の気持ちを傷つけないような態度を取らせることにもなる。

そうしたネガティブ気分のときの姿勢が、言葉を慎重に選んだり、相手の様子をしっかり観察しながら自分の出方を調整したりすることにつながり、説得力のある交渉ができるようになる。

## 自信のなさが改善につながる

このようなネガティブ気分の効用を子育てと結びつけて考えてみたい。

子どもがどんな子になっていってほしいかを発達期待という。

いくつかの日米比較研究をみると、アメリカの親は、自信のある子、自己主張のできる子、リーダーシップのとれる子になってほしいという発達期待をもつ。

それに対して、日本の親は、思いやりのある子、従順な子、感情をコントロールできる子になってほしいという発達期待をもつ。

このように日本とアメリカでは対照的な人間像を理想としていることがわかる。

アメリカ人がやたら自己主張が強く、自信たっぷりに振る舞うのも、それがアメリカ社会での理想的な人間像だからである。すぐに感情的になり、怒りを爆発させたりしやすく、人の気持ちに鈍感で、察することが苦手なのも、感情コントロールや共感性が重視されない文化だからである。

一方、日本人が人の気持ちに敏感で、人のことを配慮したり人の気持ちを察したりでき、また感情をむやみに爆発させたりしないのも、それが日本社会での理想的な人間像だからである。相手に遠慮して自己主張を慎み、不安が強く、自信たっぷりな様子を見せないのも、自己主張したり自信たっぷりに振る舞うことが重視されない文化だからである。

日本では、何でもアメリカ流を取り入れようとするため、アメリカのポジティブ心理学もいち早く取り入れ、また自信をもって自己主張できるようにしようという教育を取り入れたりしている。

だが、ポジティブになりすぎることの弊害も無視できない。たとえば、自信過剰になって傲慢な態度を取るようになりがちであることが、ポジティブ心理学を批判する心理学者たちから指摘されている。

たしかに自己を過信すると油断して失敗しやすいだろうし、自信過剰になると自分を振り返ってまずい点を修正しようということになりにくいだろう。

アメリカで行われた教師の自己効力感に関する研究でも、教師の自己効力感を高めることには、多くのネガティブな作用があることが示されている。かえって自信がない方が、自分のやり方を振り返ろうとし、内省し、自分のやり方を改善しようとする。

自信のなさが、自分のやり方で良いのか、この考え方で良いのかと慎重な検討を促し、結果的にいろいろな改善をもたらすのである。自信があると、つい自分のやり方や考えにとらわれ、思わぬ失敗をしたり、もっと良い方法があることに気づかなかったりする。

こうしてみると、「自信をもつように」と言われることが、自分の中の不安や自信のなさから目を背けることにつながってしまっては、かえって成長の妨げになり、失敗を生む原因にもなると言えるだろう。やたらポジティブな人物が薄っぺらさを感じさせるのも、そのあたりに理由があるのではないか。

ダニング＝クルーガー効果というのがある。それは、能力の低い人は、自己認知能力も低い、つまり自分が能力が低いことに気づく能力も低いということを指す。心理学の実験によれば、能力の低い人ほど自分の能力を過大評価し、能力の高い人は逆に自分の能力を過小評価するといった傾向がみられるのである。

できない人は、楽観的で自分の能力を実際以上に高く見積もるため、自分の能力不足をしっかりと認識できず、薄っぺらい自信をもってしまう。その結果、成長軌道に乗れず、なかなかできるようになっていけない。

それに対して、できる人は、不安が強く、自分の能力を実際以上に低く見積もるため、自分はまだまだ力不足だと感じる。それが成長の原動力となって、ますますできる人になっていく。

考えてみれば、日本人の仕事がていねいで正確なのも、不安や自信のなさゆえに、慎重さがあるからではないだろうか。

OECDによる学力調査において、成人も若者も、日本人の方がアメリカ人よりはるかに成績が良いのも、自信過剰にならず、不安が強いからとも考えられる。

たとえば、16歳～65歳の人々を対象に実施された「国際成人力」調査の結果をみると、日本人は「読解力」「数的思考力」「ITを活用した問題解決能力」という3つの能力すべてにおいて参加した23カ国中1位であったが、自信たっぷりに見えるアメリカ人は、読解力でもITを活用した問題解決能力でも下位の方で、数的思考力では最下位に近い成績だった。

そうしてみると、「自信をもて」というようなポジティブ・メッセージを真に受けるのは非常に危険だとわかる。自分の中の自信のなさや不安としっかり向き合い、それを成長につなげていくことが大切なのである。やはり、他国の真似ばかりせずに、伝統的な日本の子育てや教育を再評価する必要があるのではないか。

## 不安の効用も無視できない

前項で指摘したように、自信のなさや不安が向上心を刺激し、成長につながるといった面があることは、子どもを教育する際に忘れてはならない。

ものごとをあまり深く考えない心理傾向を思考的外向性というが、それは不安のなさと関係している。学生たちに心理検査をすると、勉強に対してまったくやる気がなく、遊んで暮らしている者は不安傾向が低くなることが多い。反対に、勉強を真面目にやっている学生の方が不安傾向が強い。

ものごとをあらゆる角度から慎重に検討するから不安になる。不安だからものごとをあらゆる角度から慎重に検討する。そして、不安を少しでも解消すべく、用意周到に対策を取っていく。そういった循環が、仕事の質を高めたり、対人関係での失敗を防いだりすることにつながるのである。

心理学者バウマイスターたちは、これまでの心理学のさまざまな研究成果をもとに、ネガティブなものはポジティブなものよりも強力なインパクトをもつと結論づけている。

たとえば、嫌な感情は良い感情よりもインパクトが大きい。好ましくない両親は、好ましい両親よりも強力なインパクトをもつ。否定的なフィードバックは、肯定的なフィードバックよりも強力なインパクトをもつ。

また、ネガティブな情報は、好ましい情報よりも、徹底的に検討される。やはり気になってしまうのだろう。

さらには、人は良い自己定義を追求しようとするよりも、悪い自己定義を回避しようとするように動機づけられている。これは、日本人にとくに当てはまる心理傾向と言える。

そして、悪い印象や悪いステレオタイプは、良い印象や良いステレオタイプよりも、簡単に形成され、なかなか消えない。

このように、総じてネガティブなものの方がポジティブなものよりもインパクトが大きいのである。

このことは、行動経済学で得られた知見とも一致する。

たとえば、行動経済学によれば、私たちは、不確実だけれど大きな利益につながる可能性のある選択肢よりも、少なめであっても確実に利益が得られる選択肢を好む習性がある。利益がいくらか少なくなることよりも、利益が得られなくなることを避けようとするのである。

また、私たちは損失を嫌うため、損失をできるだけ小さくする可能性、できれば損失を回避できる可能性にこだわる習性がある。そのため、一定の損失を確定するよりも、損失が膨らむ可能性があるもののもしかしたら損失なしですませられる可能性に賭けようとする。投資とかで損が膨らんでしまうときに働いているのは、まさにこうした心理と言える。

このようなネガティブな経験や感情や情報のインパクトが大きいのは、進化論的な意味があり、リスクを避けるには好都合であるとみることができる。嫌な目に遭いたくないという思いが、軽率な行動の回避、用意周到な準備を促してくれるのである。

したがって、不安のようなネガティブなものを排除しようとせずに、不安を利用してより完璧な準備をして失敗を減らしたり、思い出すと嫌な気分になる失敗経験を忘れるのではなく教訓にして、似たような失敗を二度と繰り返さないようにするというように、ネガティブな心理を活かすような心の構えを意識してもつことが大切である。

子育てや子どもの教育においても、そのことは忘れないようにしたい。

「ほめて育てる」「叱らない子育て」などといったキャッチフレーズが広まることで、ともすると子どもをポジティブな気分にさせることばかり考えている親も少なくないようだが、ここまでにみてきたように、不安や自信のなさにも効用があり、日本人の学力の高さや仕事の質の高さはそうした心理傾向と無縁ではないことを再認識すべきだろう。

## ポジティブになりすぎるのは危険

とにかく何でもポジティブになるのがよいというポジティブ信仰とでも言うべきものが世の中に蔓延しているため、不安や自信のなさの効用を説いても、なかなか実感できないという人も少なくないかもしれない。そこで、もう少し解説しておきたい。

何でも気にしないことが大切だなどという人もいるが、終わってからいつまでもクヨクヨしないという意味では正しいが、事前に気にしないようでは勉強でも仕事でもたいした成果は期待できない。ネガティブな思いに潰されるのはまずいが、ネガティブな思いを活かすことで能力を高めたり、成功確率を高めたりできるのである。

そこで参考になるのは、防衛的悲観主義という概念である。

心理学者のノレムとキャンターは、過去のパフォーマンスに対する認知と将来のパフォーマンスに対する期待によって、楽観主義・悲観主義をもとにした4つのタイプ分けをしている。その中のひとつである防衛的悲観主義とは、これまで実績があるにもかかわらず、将来のパフォーマンスに対してはネガティブな期待をもつ心理傾向を指す。いわば、勉強でも仕事でも、これまでそれなりの成果を出しているのに、今度はうまくいかないかもしれないと悲観的になるタイプである。

一般に、防衛的悲観主義者は成績が良いことが多くの研究により証明されている。悲観的だからこそ慎重になり、用意周到に準備する。将来のパフォーマンスに対して不安があり、楽観的になれないことが、成績の良さにつながっているのである。

実際、ビジネスの場でも、いつも人並み以上の成果を出しているのに、なぜか不安が強く、何をするにも神経質にいろいろ気にして、質問に来たりする人物がいるものだ。そのような人物に対して、

「なんでそんなにネガティブなんだ。成果を出してるんだから、もっと自信をもて」

「あまり考えすぎないで気楽に構えるように」などとポジティブ思考を叩き込んだりすると、これまで業績を上げてきたのに、パフォーマンスが下がってしまうことがある。

このような人物は、不安だからパフォーマンスが上がっているのであって、楽観的になって不安が消えるとかえってパフォーマンスが下がってしまう。

防衛的悲観主義の実験でも、成果を出しているにもかかわらず、元々不安が強く、自分の能力に自信のない人に、ポジティブ思考を吹き込み、きっとうまくできると自信をもたせると、かえって成績が悪くなることが証明されている。

不安で自信がないからこそ、いくら準備しても安心できず、これでもか、これでもかとしつこいくらいに勉強したり、チェックしたり、リハーサルしたりする。あらゆる展開を想定して、その場合の対処法を考えておく。

その用意周到さによって、成果を出し、失敗を未然に防ぎ、手堅く仕事をする人、安心して任せられる人、あるいはできる人としての地位を保っているのである。不安や自信のなさを払拭してしまったら、そうした地位をかえって失うことになりかねない。

また、ポジティブ気分のときよりネガティブ気分のときの方が、対人場面で用心深く相手の気持ちを配慮し、礼儀正しくていねいにかかわるため、対人関係がうまくいきやすいということが実験で証明されていることはすでに紹介した。

ここでさらに指摘したいのは、不安が相手の気持ちに対する共感能力と関係しているということである。つまり、不安の強い人の方が人の気持ちがよくわかるのである。

心理学者チビ＝エルハナニたちは、対人不安と共感能力の関係を検討する調査と実験を行っている。その結果、対人不安の弱い人より強い人の方が、他者の気持ちに対する共感性が高く、相手の表情からその内面を推測する能力も高いことが証明されている。

不安が強いということは用心深さに通じるわけだが、それが対人場面では、相手の心理状態に用心深く注意を払うといった心理傾向につながっている。

それに対して、不安があまりないと用心深くならず、対人場面でも相手の心理状態に用心深く注意を払うということになりにくく、相手の気持ちに関係なく自分の都合で一方的にかかわることになりやすい。

たとえば、不安の強い人は、人に何か言うときも、

「こんなことを言ったら、感じ悪いかもしれない」
「こういう言い方をしたら、気分を害するかもしれない」
「傷つけるようなことを言わないようにしなくては」
「うっかりすると誤解されかねないから、言い方に気をつけないと」

などと考え、言葉を慎重に選び、言い方にも気をつかう。

それに対して、あまり不安のない人は、相手がどう受け止めるか、どんな気持ちになるかなどを気にせずに、思うことをストレートにぶつけたりするため、相手の気分を害したり、傷つけたりして、人間関係をこじらせてしまうことがある。いわば、無神経な言動をしてしまうのだ。

このようにみてくると、子どもたちのもつ不安傾向を排除しようとするのは、あまり好ましくないと言えそうである。

「ポジティブになろう」「ポジティブ思考を身につければ何でもうまくいく」というようなポジティブ信仰が世の中に広く行き渡っているが、それを子育てや子どもの教育に安易に取り入れるのは危険だということになる。

周囲を見渡してみると、ポジティブと言えばポジティブなのだが、どうも思慮が足りなくて困る、現状の厳しさをきちんと認識していない、あまりに楽観的すぎるんじゃないかと言いたくなるタイプがけっこういるものだ。そこに最近のポジティブ信仰の弊害がみられるのである。

子どもをポジティブな気分にさせようとする子育てや教育が広まっていることに対して、もっと疑問や警戒心をもつべきだろう。

# 第　4　章

# 子ども時代に非認知能力の基礎をつくっておく

## 親が子どもとじっくりとかかわることの大切さ

忍耐強さ、自分を信じる力、衝動をコントロールする力、感情を抑制する力、人の気持ちに共感する力など、非認知能力の特性をみればわかるように、その基盤には情緒的安定がある。

そこで、子どもの非認知能力を高めようと思うなら、何よりも大事なのは、親が子どもとじっくりかかわることである。それによってアタッチメント、つまり愛着の絆が形成されていく。発達心理学では、乳幼児期の最も重要な課題は愛着の絆の形成だとみなされている。

いつも身近にいて守ってくれる親の存在を感じることで、子どもは落ち着いてものごとに取り組むことができる。

たとえば1歳児は、愛着の絆ができていれば、その愛着の対象である親が傍にいることで、安心して冒険ができる。知らない大人や子どものいる部屋でも、オモチャで遊んだり、周囲を探索したりできる。公園で知らない子がいても、不安を克服して自分なりに遊んで楽しむことができる。それに対して、愛着の絆がうまく形成されていないと、不安に圧倒され、親の傍から離れることができない。

愛着の絆の形成が順調にいっていれば、そのうち親がいないときも、心の中に親がいる感じになり、不安にならずにひとりで遊べるようになる。遊びだけでなく、勉強のような知的活動も含めて、課題に集中できるようになるには、まずは安心できることが必要で、そのためにも親が子どもとじっくりかかわることが大切となる。

その際に、積極的に言葉がけをすることも大事である。子どもは、生まれたときは言葉をもたず、まずは親をモデルとして言葉を獲得していく。親から何度も聞く言葉を自分の言葉として徐々に身につけていくのである。

言葉にはコミュニケーションの道具としての側面と思考の道具としての側面があるが、いずれにおいても、幼いときの子どもにとって、親というのは言語環境として絶大な影響力をもつ。

子育て経験のある人ならわかるだろうが、私自身、子どもとのやり取りの中で、こちらの言葉づかいを子どもがすぐに取り入れるのをしばしば実感したものである。

コミュニケーションの道具としての言葉について言えば、親がどんな言葉がけをするかによって、子どもが友だちと話す言葉づかいが影響される。言葉づかいだけでなく、親が相手の気持ちを気づかう言葉がけをしていると、子どもも友だちを気づかう言葉がけをするようになる。

思考の道具としての言葉に関しては、親が日常的に用いている言葉が子どもの思考スタイルを方向づけるといった面がある。たとえば、親が諦めの言葉を発していると子どもは何かにつけて諦めがちとなり、親が粘り強さにつながる言葉を発していると子どもは粘り強くなる。

このように、日常の親との何気ない対話が、子どもの心に大事なものを刻み込んでいく。忍耐強さ、粘り強さ、やる気、思いやりなど、非認知能力の諸要素は、そうした日常的なかかわりの中で身についていくのである。

## 自発性を高める接し方

小学校低学年の頃は、親に言われて勉強している子が成績の上位を占めるということがあるかもしれないが、小学校高学年や中学生になると、自分から勉強する意欲がないと徐々に成績は低迷していくものである。

そこで求められるのが、自発性を高めることである。これは本人自身の意欲によって動き出す性質なので、周囲の力によってこれを強化するというのは難しい。

だが、悪い事例を思い浮かべれば、どうするのが望ましいかのヒントがつかめるだろう。たとえば、指示待ちで自分から動けないという学生たちに子ども時代のことを尋ねると、何でも親が先回りして自分が困らないように教えてくれたり手伝ってくれたりしたというケースや、親が口うるさくあれこれ指図するので鬱陶しかったがいつのまにか親を頼るようになっていたというケースが目立った。

ここから言えるのは、親があまり先回りしすぎずに、子どもが失敗してもいいから自分で考えてものごとに取り組むような環境にすることが大切だということ。その際、自分で考えて動くことでたとえ失敗しても、それを恐れる必要はない、失敗から学ぶことも多いということを教えることも大切である。

また、子どもは未熟だし、能率が悪かったり建設的な方向になかなか動き出さなかったりしてもどかしく思うこともあるものだが、あえて指示を減らして、本人がやりたいように自由に漂わすことも大切である。

そこで親に求められるのが待つ力である。

大人の世界は効率性の原理で動いているようなところがある。だが、そうした効率性の原理に則って動いているうちに、仕事がパターン化してしまいがちである。仕事をパターン化するのは効率性をあげるためのコツではあるが、それによって創造性は枯渇していく。子どものうちはものごとを型にはめるのではなく、いろんな方向から考えたり、いろんなやり方を試行錯誤したりして、創造性を発揮することが大切である。

そのためにも親としてはできるだけ口出しせずに本人の自発的な動きを見守る姿勢が求められる。

## 失敗を恐れずにチャレンジする心を育む接し方

だれだって失敗するのは嫌だし、できることなら失敗などしたくない。でも、失敗をあまり恐れると、気持ちが萎縮してしまい、伸び伸びした行動が取れなくなる。

学生たちをみていても、失敗を恐れて何ごとに対しても躊躇する傾向が強まっているように感じる。学生だけではない。失敗を恐れてチャレンジしない子どもや若者が目立つのである。

そうした傾向について学生たちと議論の場をもったときのことは、すでに第1章で紹介したが、そこで浮上したのは失敗経験の乏しさだった。先生の指示に従って動けば間違いないし、勝手に動いて叱られるのは嫌なので、自分たちは失敗しないように先生のサポートに頼るようになったのではないか、言われた通りにやっていればうまくいくのならあえて自分からチャレンジする必要もないし、などというのである。

これは、マニュアル依存や指示待ち傾向にも通じることだが、面倒見の良いサポート環境の弊害と言えないだろうか。

教育のサービス産業化の動きの中で、生徒や学生に対して手取り足取りの教育が行われ、そうしたサポート体制が整っていることが売り物になっている感がある。だが、そうしたサポート体制が失敗を恐れチャレンジしない心を生み出している面もあると言ってよいだろう。

そこで大事なのは、失敗することの意味や価値を認識するように導くことである。ＡＩをはじめとする技術革新によりますます先の読めない時代になっていくが、そのような時代を生きるには、失敗しながら歩んでいくしかない。失敗にいちいちめげていたら先に進めない。

そこで求められるのは、失敗への対処能力を高めること、そして失敗から学ぶことである。大事なのは、失敗しないことではなく、失敗を恐れずに試行錯誤すること、そして失敗してもめげずに前を向き、失敗を糧にして前進することである。

モチベーションの心理を解剖していくと、成功追求動機のほかに失敗回避動機があることがわかる。だれの心の中にも、成功したいという思いがあると同時に、失敗したくないといった思いもある。そのせめぎ合いの中で行動が決まってくる。積極的な行動を取るためには、失敗回避動機を多少和らげる必要がある。

子どもたちは、失敗することを通して、現実を生き抜く上で大事なことを学んでいくのである。だが、子どもを教育する立場にある大人たちがそのことを忘れ、失敗を極力排除しようと過保護な環境をつくってしまっているように思われる。

そこで教育上大切なのが、失敗することの意味や価値をしっかりと認識するように導くことである。できるだけ失敗はしたくないものだが、失敗することもあるし、ときに失敗するのも悪くないと気づかせることである。

## 折れない心を育む接し方

ちょっとしたことで傷つきやすい心が世の中に蔓延しているのは、だれもが感じていることだろうが、そうした現実への対処として傷つかないような子育てや教育が行われていることには違和感を抱かざるを得ない。

傷つけないようにと配慮しすぎることで、傷つきやすい子どもや若者がつくられていく。これは、冷静に考えれば、ごく当然のことのはずだ。菌を排除して純粋培養すれば、雑菌だらけの環境に弱くなるのと同じだ。

現実の社会に出れば、思い通りにならないことだらけである。頑張ってもうまくいかないこともある。

学校時代なら、いくら試験の準備勉強をしても良い点を取れず、成績が上がらないということもあるだろう。受験勉強を頑張ったのに、志望校に合格できないということだってあるだろう。部活でも、必死に練習しているのに、ライバルを追い抜くことができず、いつまでたってもレギュラーになれないということがあるかもしれない。

就職後なら、仕事でいくら成果を出しても、期待するような評価が得られないこともあるだろう。上司と価値観や性格が合わず、不遇な目に遭うこともあるかもしれない。組織の上層部や取引先からの処遇に理不尽さを感じても、我慢しなければならないこともあるはずだ。社内のライバルやライバル社にどうにもかなわないこともある。信じていた人に裏切られることもある。好きな人に振り向いてもらえないこともある。

そのたびに深く傷つき、落ち込み、立ち直れずにいたら、厳しい現実を生き抜くことなどできない。

そこで大切なのが、思い通りにならない状況への耐性を高めることである。

動機づけと原因帰属（成功や失敗を何のせいにするかということ）を組み合わせた古典的な心理学実験からも、そのことが示唆されている。

動機づけの心理学で有名なドゥウェックは、原因帰属の仕方を変える、つまり失敗を努力不足のせいにする認知の枠組みを植えつけることで、無力感の強い子の達成動機を強められるのではないかと考えた。

そこで、8歳から13歳の子どもたちの中から極端に強い無力感をもつ子ども（失敗すると急にやる気をなくし成績が低下する子）を選び、6人に成功経験法を、他の6人に原因帰属再教育法を施した。

成功経験法とは、常に成功するように易しい課題を設定する方法である。

原因帰属再教育法とは、5回に1回の割合で失敗させ（到達不可能な基準を設定する）、その際にもう少し頑張ればできたはずだと励まし、失敗の原因は自分の能力不足ではなく努力不足にあると思わせる方法である。

これらの治療教育の前、中間、後の3つの時点における失敗後の反応をみると、原因帰属再教育法のみに治療効果がみられた。原因帰属再教育法による治療教育を受けた子どもたちでは、失敗の後に成績が急降下するということがなくなり、「もっと頑張らなければ」と発憤するのか、失敗直後にむしろ成績が上昇する子が多くなった。

一方、成功経験法による治療教育を受けた子どもたちは、成功しているうちはよいものの、失敗すると成績が急降下するといった傾向を相変わらず示すのであった。

この実験からわかることが2つある。

ひとつは、失敗すると傷つくからと失敗させないでいると、失敗に弱い心理傾向が改善されることはないということである。

もうひとつは、失敗の受け止め方を前向きにすることで失敗に傷ついたり落ち込んだりすることなく、むしろ発憤する心がつくられるということである。成功体験をいくらしても、失敗への耐性は高まらないのである。

では、ものごとに対するタフな受け止め方は、どうしたら身につくのだろうか。

まず第一に大切なのは、小さな失敗やなかなか思い通りにならない苦しい状況を繰り返し経験することで、失敗による感情的な落ち込みに慣れることである。何度も経験していれば、慣れの効果により、その衝撃度合いは弱まっていく。感情的な落ち込みに慣れれば、冷静に対処できるようになる。

第二に、原因帰属再教育法をヒントに、思うような結果が出なかったときやなかなか窮状を脱することができないときに、「自分はダメだ」などと自分を責めたりせずに前向きな気持ちになれるように、適切な声がけをすることが大切である。

たとえば、「だれだって失敗することはあるよ」「挫折を経験することで人は強くなっていくんだよ」「結果がすべてじゃない。頑張ることで力がつくことが大事なんだ」「頑張ったときの爽快感はかけがえのないものだよ」などといった主旨の前向きの受け止め方に気づかせるような声がけも有効だろう。

## ほめ方にもコツがある

ほめて育てることが推奨され、ほめればよいといった風潮が世の中に広まっているが、傷つきやすく、落ち込みやすく、頑張れない子どもや若者が増えていることの背景として、やたらほめまくることがあるのではないかということはすでに指摘してきた。

むやみにほめることの弊害の存在を証明した心理学者ムエラーとドゥウェックによる実験は、ほめることが子どもの気持ちを萎縮させることがあるといった逆効果について考えるヒントを与えてくれるものとして興味深い。

その実験では、10歳〜12歳の子どもたちに簡単な知能テストのようなものをやらせた。それは簡単にできる内容で、テスト終了後にすべての子どもたちに、優秀な成績だったと伝えた。その際、子どもたちをつぎの3つの条件に振り分けた。

第一条件…こんなに成績が良いのはまさに「頭が良い証拠」だと言われる

第二条件…何も言われない

第三条件…こんなに成績が良いのは「一所懸命に頑張ったから」だと言われる

そして、これからやってもらう2種類の課題の特徴を説明し、どちらの課題をやってみたいかを尋ねた。

一方は、あまり難しくなくて簡単に解けそうなもの、つまり良い成績を取って自分の頭の良さを示すことができそうな課題であった。もう一方は、難しくて簡単に解けそうにないものの、つまり良い成績を取って自分の頭の良さを示すことはできないかもしれないものの、チャレンジのしがいのある面白そうな課題であった。

その結果、条件によってどちらのテストを選ぶかが違うことがわかった。

第一条件の「頭の良さ」をほめられた子どもは、67%と大半が簡単な課題の方を選んだのに対して、第二条件の何も言われなかった子どもは、簡単な課題を選ぶ子と難しい課題を選ぶ子がほぼ半々だった。そして、第三条件の「頑張り」をほめられた子どもは、簡単な課題を選んだのはわずか８％で、92％とほとんどが難しい課題を選んだのだった。

　これにより、ほめることがモチベーションに与える影響は、ほめ方によって大きく異なってくることが明確に示された。

「頭の良さ」つまり「能力」をほめられると、能力の高さに対する期待を裏切りたくないという思いが強まり、期待を裏切ったらどうしようといった不安も強くなって、確実に成功しそうな易しい課題を選ぶことになりやすい。失敗することを恐れるあまり結果にとらわれ、気持ちが萎縮してしまうのである。

　それに対して、「頑張り」つまり「努力」をほめられると、努力する姿勢に対する期待を裏切りたくないという思いが強まり、もっと頑張らなくてはといった思いに駆られ、難しい課題を選ぶことになりやすい。結果よりも努力する姿勢にこだわるため、チャレンジしやすくなるのである。

　何でもほめればいいということではないのがわかっただろう。ほめて育てるということがやたら推奨されているが、ほめることの弊害もあるのだ。ほめ方にもコツがある。このことは忘れないようにしたい。

## 共感性を高める接し方

「間柄の文化」を生きる私たち日本人にとって、人間関係をうまくこなしていけるかどうかは最大の関心事と言ってよい。

大人でも職場の人間関係が大きなストレスとなって仕事が手につかなくなったり、人間関係が原因で転職まで考えることもあるくらいである。ましてや子どもが幼稚園での活動や学校での勉強に集中するには、友だち関係が良好であることが大前提となる。

そのために重要なのが共感性を身につけることだ。人の気持ちに対する共感性の高い子は、友だちに好かれたり、友だちから頼られたりして、良好な人間関係を築きやすい。だが、共感性が低い子は、友だちとの間に気持ちのスレ違いを生じやすく、良好な人間関係を築きにくい。その結果、幼稚園や学校に落ち着ける居場所をつくることができず、目の前の課題に集中しにくくなりがちだ。

共感というのは、相手の気持ちがわかるということであり、それができるためには相手の視点を自分の中に取り入れる必要がある。そうはいっても、他人の視点を自分の中にもっというのは不可能だ。そこで必要になるのは、人の気持ちや立場に関心をもつこと、そして想像力を働かすことである。そうした姿勢は、どのようにして身につくのだろうか。

友だちと遊ぶことを通して共感性を身につけていくといった側面にはだれもが気づいているると思うが、ともすると見逃されがちなのが、親の言葉づかいが子どもの共感性を大きく左右するといった側面だ。

親は子どもにとっての重要な言語的環境であるため、親が子どもや周囲の人にどんな言葉がけをするかによって、子どもが友だちとかかわるときの言葉づかいが大いに影響される。

言葉づかいにかぎらない。親が相手を思いやる言葉がけを日頃からしていると、子どもも友だちを思いやる言葉がけができるようになる。相手を思いやる言葉を使うことで、相手の立場や気持ちを想像する心の構えが身についていく。

では、親として、どのような言葉がけをしたらよいのだろうか。

日常のあらゆるやり取りの中で工夫が可能だが、たとえば、何気ない会話の中で、相手の気持ちを想像させるように導く言葉がけを意識するのもよいだろう。

「○○ちゃん、とってもうれしかっただろうね」

「○○ちゃん、どんな気持ちだろうね」

「○○ちゃん、きっとがっかりしてるんじゃないかな」

「○○ちゃん、悲しかったんじゃないかな。もしあなたがそんなこと言われたらどんな気持ちになる？」

といった言葉がけをするなど、ちょっとした機会をとらえて友だちの立場や気持ちに想像力を働かすように導くのである。

子どもと一緒に絵本や児童書などを読んでいるときも、

「この子、ものすごく得意げだね」

「この子、なんで泣いてるのかな」

などと登場人物の気持ちをめぐって言葉がけをしたり、

「このワンちゃん、淋しかったのかな」

「この小鳥さん、楽しそうにしてるね」

など、人間でなくてもその気持ちを想像させたりすることで、共感性を高めることができるだろう。

公園で遊んでいるときに、アリが虫の死骸を運んでいるのをみかけたら、

「アリさん、一所懸命に食べ物を巣に運んでるね」

と言ったり、散歩中にぐっすり寝ている犬がいたら、

「ワンちゃん、気持ちよさそうにお昼寝してるね」

と言ってみたり、日陰に置かれている鉢植えの花をみかけたら、

「このお花、かわいそうだね、寒い寒い、お日様に当たりたいって思ってるよね」

と言うなど、視点を向こう側に移し、その気持ちを想像させるような声がけをすることで、共感する心の構えをつくりだすことができるだろう。

## 共感性が感情コントロール力を高める

アメリカ映画などをみると、ちょっとしたことで感情を爆発させ、激しい口調で抗議したり、怒鳴りだしたり、モノに当たったりする場面が多く、なんでこんなにすぐにいきり立つのだろう、気性が激しすぎだなと感じることがある。

なぜアメリカ人はあんなに攻撃的なのか。もともと攻撃性が高いといった性格的素因もあ

るのかもしれないが、相手に対する共感性が低いということが関係しているのではないだろうか。

「甘え」という概念が日本独自なものであることを発見した精神医学者の土居健郎は、アメリカに研修に行った際に、アメリカの精神科医の共感性の鈍さに驚いた経験について、つぎのように述べている。

「私はその間アメリカの精神科医が実際にどのように患者に接しているかをあらためて観察する機会を与えられた（中略）その結果アメリカの精神科医は概して、患者がどうにもならずもがいている状態に対して恐しく鈍感であると思うようになった。いいかえれば、彼らは患者の隠れた甘えを容易に感知しないのである」

「普通人ならともかく、精神や感情の専門医を標榜する精神科医でも、しかも精神分析的教育を受けたものでさえも、患者の最も深いところにある受身的愛情希求である甘えを容易には感知しないということは、私にとってちょっとした驚きであった。文化的条件づけがいかに強固なものであるかということを私はあらためて思い知らされたのである」（土居健郎『「甘え」の構造』弘文堂）

やはり個の意識が強すぎると、他者の気持ちに対する共感性が鈍くなるようである。日本人が感情をあらわにしないのは、克己心が伝統的に重視されてきたということが深く関係しているとは思うが、個の意識が希薄で、相手と溶け合うような心のあり方を大切にすることによる共感性の高さも関係しているのではないか。

共感性の乏しい人が、

「何で？　それはおかしいだろう！」

といきり立つ場面でも、相手の立場や気持ちに共感できれば、それほどいきり立つこともなくなるはずだ。共感性の乏しい人が、

「いい加減にしろよ、もう許せない！」

と攻撃衝動に駆られ、冷静さを失いそうな場面でも、相手の立場や気持ちに共感できれば、冷静さを保つことができるだろう。

しょっちゅういきり立っている人は、相手の立場や気持ちを想像することができず、自分の視点に凝り固まっているため、何かにつけて腹が立つのだ。

実際、共感性が高いほど攻撃感情や対立的な反応が少なくなること、また相手の視点を想

像するように言われることで攻撃的反応が少なくなることが心理学の実験で証明されている。

そのような意味において、共感性を高めることは感情コントロール力を高めることにつながる。ゆえに、共感性を高めるような働きかけは非常に大切と言える。

## 友だちと思い切り遊ばせることの大切さ

子どもたちは長い学校生活を通して知識を吸収し、知的能力を鍛錬していく。そうした学習をする際にも、そのように学習した成果を大人になってから社会生活に活かす際にも、非認知能力をどれだけ身につけているかが問われる。

そのように人生を大きく左右する非認知能力だが、その基礎は幼い頃に形成される。そこで、幼児期・児童期には、友だちとのかかわりを十分に経験させ、思い切り遊ばせることが大切となる。

親は子どもに合わせてくれるが、友だちはそうはいかない。友だちとの遊びにおいては、それぞれが勝手な自己主張をするため、思い通りにならないことがしょっちゅう起こる。わがままな友だちに腹が立つこともあり、ケンカになることもある。友だちを泣かせたり、友だちに泣かされたりといったことも起こってくる。仕方なく我慢することも多いだろう。

そうしたやり取りを通して、相手には相手の視点があることを学び、我慢することを学ぶ。それによって、相手の気持ちに共感する力や自分の感情をコントロールする力が身についていく。これらは非認知能力の重要な要素だが、それは幼い頃の友だちとのかかわりの中でつくられていく面が大きい。

友だちができないという悩みを抱える若者が非常に多くなっており、私もそのような大学生たちのカウンセリングをしてきたが、友だちとうまくかかわれないことのダメージは非常に深刻である。友だちができないといった問題だけでなく、社会に出てうまくやっていける気がしないといった問題にもつながってくる。

このように人間関係でつまずく原因の一端は、幼い頃に友だちとのかかわりを十分に経験していないところにあるように思われる。人との距離の取り方というのは、幼い頃からの友だちとのかかわりの中で徐々に体得すべきことであり、大きくなってから、こうすればいいと教えられ、頭で理解して何とかなるというものではない。

幼い頃に遊びを通して友だちとのやり取りを十分経験しておかないと、非認知能力の基礎が形成されず、友だちとどうかかわったらよいかがわからないということになる。それで対人不安が極度に強まり、友だち関係に消極的になって、なかなか友だちができず、学校に居場所ができない。運良く友だちができても、かかわり方に自信がないため、「変なヤツだと思われないか」「自分といてもつまらないんじゃないか」と不安になり、積極的にかかわることができない。これでは生きる世界を狭めてしまうし、自信をもって社会に出て行くことができない。

企業ではコミュニケーション力の乏しい若手に手を焼いており、新卒採用にあたっては、コミュニケーション力を最も重視するという企業が圧倒的に多くなっている。それも、子ども時代に友だちと遊ぶ経験が乏しく、人とのかかわりに慣れないままに大きくなった若者が多いからと言える。

引きこもりの増加も深刻な社会問題になっているが、これにもコミュニケーション力の乏しさが大きく絡んでいる。せっかく知識を身につけ、知的能力を高めても、社会にうまく居場所をつくれないと、それを活かすことができない。

このようなことを考えると、幼児期・児童期から友だちと十分に遊ばせて、コミュニケーション面の非認知能力を高めておくことも大切である。

私は、友だちができない若者や引きこもり傾向のある若者が増えていることを懸念し、「人間関係の早期教育」を提唱してきたが、このところますますその必要性が増していると言ってよいだろう。

共感性や感情コントロール力、コミュニケーション力ばかりでなく、自発性も遊びを通して身についていく。近頃は、幼児期からやたらと習い事漬けにさせ、遊ぶ時間を奪ってしまいがちだが、言われた通りに動くような習い事の場では、自発性は身につかない。水泳とか体操、サッカーといったスポーツ関係の習い事なら良いのではないかと思われがちだが、指導者の指示に従って動くという意味では、学習塾通いなどと変わらない。

子ども同士で遊ぶことには、大人の指示に従うのでなく、自分たちの自発性に基づいて動き回り、それぞれが自分の思いと相手の思いの軋轢の中で調整していくといった面がある。

その意味でも、子どもが自分の思うように遊び回るといった自発的な動きを日常的に経験させることが大切となる。時を忘れて遊びに没頭することで、充実感を味わいながら、自発的に動く力、ものごとに夢中になって取り組む力を身につけていくのである。

先生やコーチに言われた通りに動いたり、与えられた枠組みの中で動いたりしているのでは、言われた通りに動く受け身の習慣が身につくばかりで、自発性は育たない。

幼児期・児童期に思い切り遊ぶ経験は、共感性や感情コントロール力、コミュニケーション力、自発性を高めるだけでなく、集中力や想像力を高めることにもつながる。

子どもが宿題がよくわからないというから教えようとしても、気が散るばかりで全然集中力がなくて困るという声をよく聞くが、どんな子も遊ぶときはものすごい集中力を発揮しているものである。

公園で遊んでいる子どもに、「もう帰るよ」と言っても遊びに熱中していて聞こえず、しつこく声をかけても「もうちょっと」と言って遊びに没頭している。子育てをしたことのある親ならだれもが経験しているはずだ。

何かに夢中になり没頭する経験は、集中力を身につけるためにも大切だ。遊びを通して集中力を身につけることは、幼児期・児童期の重要な課題と言ってよい。その時期にものごとに集中する癖を身につけておけば、将来勉強に集中する必要が生じ、本人もその必要性を心から実感したなら、きっと集中力を発揮することができるはずである。

## レジリエンスを高めるのが子ども時代の最重要課題

人生は山あり谷ありと言うように、生きていれば楽しいことや嬉しいことばかりでなく、苦しいことも辛いことも悲しいこともある。思い通りにならないこともたくさんある。生きているかぎり、そんな人生を前向きに力強く歩んでいかなければならない。

ゆえに、ちょっとやそっとのことでは挫けない心のたくましい子どもに育てる。それが子育てや教育の最も大切な目標であろう。

学生たちと接していると、このところそうした子育てや教育の基本が忘れられているのではないかと思わざるを得ない。

まず思うのが、我慢ができない者が多いということだ。思い通りにならないとすぐにヤケになって、攻撃的になったり、諦めたりする。すぐに傷ついたと言って被害者意識をもつ。どうせ無理だと投げ出す。どうも挫けずに頑張り続ける気持ちが弱いような気がする。

レジリエンスという心の性質が教育現場で注目を集めているのも、なかなか思い通りにならない状況に耐えることができず、すぐに「心が折れた」と言い出す者が多いことから、傷つかないように保護するだけの教育ではダメだということに気づき始めたということではないだろうか。

レジリエンスというのは、第3章でも簡単に触れたが、復元力と訳され、困難な状況でも諦めずに頑張り続ける力、挫折して一時的に落ち込むことはあってもすぐに立ち直っていける力を指す。では、どうしたらレジリエンスの高い子に育てることができるのか。それが非常に重要な今日的課題となっている。

レジリエンスが高いということは、自己を肯定できるということであり、自分の頑張る力を信じられるということである。それは、自尊感情や自己効力感と強く関係している。そこで、レジリエンスを高める前提として、自尊感情と自己効力感を育てるにはどうしたらよいかを考えてみたい。

## 自尊感情を育てる

自尊感情は、自己評価と同じような意味で使われることがあるが、自己に対する評価そのものにとどまらず、評価によって喚起される感情的側面を指すものである。

たとえば、自分は数学が苦手だとか球技が苦手だなどと自己のある側面を低く評価することと、それをひどく気に病むか、あるいはまったく意に介さずあっけらかんとしているかということは、別次元の問題と言える。

自尊感情が高ければ、低く評価せざるを得ない自己の側面があっても、それだからといって自分に価値がなくなるわけではないといった思いがどこかにあるため、とくに落ち込むことはない。だが、自尊感情が低いと、それは大きなダメージとなる。「心が折れる」ということの背景として、自尊感情の低さがあるのではないだろうか。

国際比較調査を根拠に、日本の子どもたちは自尊感情が低いと言われ、自尊感情を高める教育が必要だとされるが、国際比較調査の結果をそのまま鵜呑みにするわけにはいかない。時代が変わりつつあるとはいえ、謙虚さの美徳は、今でも日本の文化的風土の中にしっかりと根づいており、子どもや若者といえども自分の能力や価値を誇示するような回答はしにくいものである。

ただし、そのような要因を差し引いても、今の日本の状況をみると、自尊感情が育ちにくい要因があるように思われる。

自尊感情の形成にとってとくに重要とみなされているのが親との関係であるが、親のどっしりとした安定感と揺るぎない愛情が自尊感情の土台となる。

たとえば、子どもが悪いことをしたから叱る。厳しく叱りながらも、心の中では子どものことを信頼している。厳しい言葉の背後に、揺るぎない愛情に裏打ちされた信頼があることを子どもは感じ、その信頼に応えなければといった思いになる。それでも、ついまた衝動に走って、あるいは安易な方に流されて、好ましくない行動を取ってしまい、より一層厳しく叱られる。その厳しい言葉の背後に、揺るぎない愛情に裏打ちされた信頼を感じ、申し訳ない思いに駆られる。そうした経験を重ねることで、子どもは自分の価値を体得し、自尊感情を高めていく。

だが、最近の風潮をみると、トラウマなどという言葉も広まり、ほめて育てるという方針も推奨されるため、子どもが傷つくといけないと思いすぎたり、子どもに嫌われたくないと思ったりして、子どもが好ましくない行動を取っても毅然と叱ることがなく、腫れ物に触るような扱いになっていることが少なくない。

そうした親の不安や不安定さは子どもに伝染する。愛情は感じるかもしれないが、信頼されている感じがないため、自分自身を信頼するようになれない。

教師もあまりに多忙なのに加えて、保護者をはじめ世間の批判の目が厳しいために、なかなか自信をもって子どもたちと対峙することができない。そうした大人たちの不安定さが、子どもの自尊感情を育むのを阻害しているのではないだろうか。

そこで大切なのは、親や教師をはじめとした大人たちが、もっと子どもを信頼し、過保護にならないこと、そして大人自身がどっしりと構えていることである。

挫折を経験中の子どもを励ますときも、どんなことがあってもきっと立ち直れると信じる。根気がなく、すぐに挫ける子を叱咤激励するときも、まだまだ根気が足りないけど、そのうち頑張れるようになると心から信じる。反抗的な子を叱るときも、今は反抗していても、きっと気持ちは伝わるはずと信じて毅然と叱る。どうしようもないことばかりする子を叱るときも、本人だって苦しいはずだし、こんなことをしていてはダメだといつかわかる日が来ると本気で信じる。

そうした態度が取れずに、おろおろしたり、ご機嫌を窺うようなことを言ったり、過保護になったりするから、子どもの心の中にどっしりと安定感のある自尊感情が育たない。そういった側面があるのではないか。

## 適度な負荷をかけ、自己効力感を育てる

逆境でもへこたれない子は、自分は頑張り抜くことができるといった感覚を身につけているものである。

心理学者のバンデューラは、「こうすればうまくいく」とわかっていても、だれもが実行できるわけではないことから、期待を「こうすればうまくいく」という結果期待と「自分はそれができる」という効力期待に分けて考えた。この後者が自己効力感に相当する。

たとえば、毎日30分間英語の勉強をすれば英語の授業がよくわかるようになるとわかっていても、それを実行できる子と実行できない子がいる。そこに自己効力感が関係している。

レジリエンスの低さの背景に、困難に直面するとすぐに諦める心理がある。粘ることができない。頑張り続けることができない。そこにも自己効力感が関係しているのであろう。

学生たちと話していて、「もうちょっと頑張ってみたらどう?」みたいなことを言うと、

「いいんです。どうせ無理だから」「意志が弱いから無理です」「頑張ったっていいことないし」などと言う者がいる。最初から諦めている。頑張って困難を乗り越えたという経験がないため、自己効力感が低いのだ。

「これまでずっと推薦で来て、正直言って、本気で頑張ったことがないから、どこまで頑張っても大丈夫なのか、心配で」などと学生が相談に来たりする。頑張る方法を知りたいと言いつつも、うっかり勉強を頑張りすぎると心身に変調を来すと思っているようなのだ。どうも最近は勉強にしろ何にしろ本気で頑張ったことがないという者が目立つ。

傷つけてはいけないという配慮のもと、厳しさを排除し、挫折を経験しないですむように手厚く保護し、カウンセリングマインドでやさしく接する。そうした保護空間で過ごしてきたために、傷つくこともなく、追い込まれることもないままに、学校段階を駆け抜けてしまう。

挫折すると傷つくから、自信をつけさせるために本人が少し努力すれば届くような目標を与えて成功体験を積み重ねるように導けばいいなどと言われる。だが、社会に出ればいくら頑張ってもうまくいかないことだらけであり、挫折の連続である。すでに社会に出る前から、行きたい学校に進学できない、部活でいくら頑張っても試合に勝てないなど、多くの子が挫折を味わうことになる。

各県の優勝校が出場する甲子園でも、最終的に優勝するのは全国でただ1校であり、他のすべての学校の野球部の選手たちは挫折に涙を流しているのである。箱根駅伝で優勝した1校以外のすべての出場校、そして予選敗退したすべての大学の駅伝部の選手も、挫折に涙していているのである。社会に出てからの職業生活も似たようなもので、挫折の連続が待っている。

そこで必要となるのは、挫折から這い上がる力である。

そうしてみると、教育や子育てで大事なのは、過保護にして挫折から守ってやることではなく、挫折を経験させつつ、挫折に負けない力をつけさせることのはずである。頑張って逆境を乗り越える経験をすることで自己効力感が培われていく。「自分もやればできる」と思えるようになる。だから厳しい状況でも頑張り続けることができる。

そのために必要なのは、適度な負荷をかけること、困難に直面させることである。子どもが挫折しないように先回りして障害を取り除こうとする親は、子どもが自己効力感を高め、レジリエンスを高める機会を奪っていることになる。そんな過保護な子育てをしていたら、逆境に弱い人間になり、将来子どもが苦労することになる。レジリエンスを高めておかないと、厳しい社会の荒波を乗り越えていけない。

筋トレと同じで無理をさせなければ力はついていかない。厳しい状況に追い込まれて、無理をして必死に頑張ることで、何とか壁を乗り越えることができたとき、「自分もやればできる」という自己効力感が身についていく。

運悪く結果が伴わない場合も、挫折感とともに必死に頑張ったことによる充実感や爽快感を味わうことができるため、「自分も頑張ることができる」という意味での自己効力感が得られる。

今日の子育てや教育では、負荷をかけるということが軽んじられているのではないだろうか。

## 何よりも大切なのは親自身の非認知能力を高めること

子どもの非認知能力を高める上で、とくに大切なのは親自身の非認知能力を高めることである。子どもは親の口癖を真似することで、親の心の姿勢も自分の中に取り込んでいく。

身近な人物や憧れる人物の口癖や仕草、あるいは生き方を自然に真似するようになることをモデリングというが、親は子どもにとって最も身近なモデルなのである。子育てをしていると、教えたわけでもないのに子どもが自分のちょっとした癖を取り入れているのに気づくことがあるはずだ。

親自身は自覚していないことが多いが、子どもは自然に親に似てくるものである。

感情コントロール力が乏しく、すぐに感情を爆発させる子どもの家庭には、すぐに怒りだす親がいたりする。やはり感情コントロール力が乏しく、落ち込みやすい子どもの家庭には、何かにつけて悲観的で自己効力感の低い親がいたりする。

対人不安が強く、人づきあいが苦手な子どもの家庭には、人間関係に消極的な親がいたりする。人の気持ちに鈍感で、場違いな言動が目立つ子どもの家庭には、人の気持ちに対する共感性が乏しい親がいたりする。

粘り強く、頑張り屋の子どもの家庭には、やはり頑張る姿勢をもつ親がいるものである。どんなに困難な状況でも諦めずに頑張り続ける子どもの家庭には、レジリエンスの高い親がいるものである。

もちろん親がすべてというわけではなく、他にもさまざまな要因があるが、親の要因が強力であることを踏まえて、親自身の非認知能力を高めることが大切である。

そこで、まずは自己モニタリングを意識してみることを勧めたい。自己モニタリングとは、相手や周囲の反応を見ながら自分の言動の適切さを判断し、自分の言動を調整することである。

相手がムッとした感じなのに気づかない人がいる。相手を傷つけるようなことを平気で口にする人がいる。周囲の人たちがうんざりしているのに気づかずにしゃべり続ける人がいる。そのように相手や周囲の反応に無頓着な人は、自己モニタリングができていないのだ。

相手や周囲の反応にあまり意識が向かわず、自己モニタリングがうまく機能しないと、場違いな言動や不適切な言動が多くなり、呆れられたり、信頼を失ったりすることになりやすい。

親自身が自分の自己モニタリング傾向をチェックしてみて、うまく機能していないようなら、そこを改善するように心がける必要がある。

親の自己モニタリングがうまく機能していないと、モデリング効果によって、そうした傾向が子どもにもみられるようになる可能性が高くなる。そればかりではなく、親自身が子どもの反応に鈍感になり、適切な対応を怠ることにもなりやすい。

## 自分を振り返る時間をもつようにする

親自身が自分の非認知能力を高めるには、まずは自分の現状を把握する必要がある。そのためにも自分を振り返る時間をもつようにしたい。

たとえば、自分の感情コントロール力について、さまざまな場面での自分の感情反応の傾向を振り返ってみる。

自分がどんなときに感情的になりやすいか。イライラするときやカッとなったときに、何とか攻撃的な衝動を抑えることができるか、怒りを爆発させたり、ヤケになったりすることがあるか。どんなときに感情コントロールを失いがちか。

そんなふうに振り返ってみると、自分の感情コントロールの癖について、何らかの気づきが得られるものだ。そうした癖が子どもに知らず識らずのうちに影響を及ぼしている。

親が怒りを爆発させたり、嘆き悲しんだりと、感情に溺れることのないように気をつけたい。親が自分の衝動や感情をコントロールできないでいると、子どもも思い通りにならないときに衝動的に怒りを爆発させたり、ちょっとしたことで嘆き悲しんだりするようになる。感情を適切にコントロールできる親のもとで日々を過ごしている子は、自然に感情コントロールができるようになる。子どもに感情的になるときだけでなく、他の人に対して感情的になるときの様子も子どもはしっかり観察しているので、外での出来事について家庭で話すときも気を抜けない。

自分の忍耐力や頑張る力についても、さまざまな場面を振り返ってみる。

これまでに粘り強く取り組んだことはあったか。飽きたり、嫌になったりして、途中で投げ出したことは何かなかったか。途中で諦めて、後悔したことはないか。困難に直面したとき、どんな反応を示しがちか。苦しい状況でも頑張り通したことはあったか。今、自分は頑張っているか。粘り強く取り組んでいることはあるか。

そのように振り返ることで、自分の忍耐力や頑張る力について、何らかの気づきが得られるはずだ。

共感性や思いやりについても、さまざまな場面を振り返ってみる。

人の気持ちに寄り添って行動できたことはあったか。人の気持ちに寄り添うことができずに、相手を傷つけてしまったことがないか。人の気持ちに常に関心を向けているか。思いやりがないというようなことを言われたことはなかったか。人の気持ちに鈍感なところはないか。

そのように振り返ってみると、自分の共感性や思いやりの傾向について、何らかの気づきが得られるはずだ。

そうした親自身の心理傾向が、日頃のやり取りや観察を通して子どもに伝わっていく。

自分の口癖を意識していないことが多いが、口癖というのは思考パターンのあらわれである。親のちょっとした口癖が子どもの口癖に影響し、それが子どもの思考パターンを形づくっていく。そう考えると、日常の何気ない口癖もけっして軽んじることはできない。子どもがいつの間にか自分の口癖を真似ているのに気づくことは、親になればだれもが経験しているはずだ。

たとえば、親が何かにつけて、

「もうダメだ」

「そんなの無理に決まってる」

「そんなこと、できっこない」

などと悲観的な言葉や諦めの言葉を口にしていると、子どもも悲観的ですぐに諦めるようになってしまう。

反対に、親が日常的に、

「何とかなる」

「やってみないとわからない」

「やるだけやってみよう」

「とにかく頑張ってみよう」

などと前向きの言葉を口にしていると、子どもも前向きに頑張れるようになる。親としては、前向きで粘り強さにつながる言葉を意識して口にすることが大切だ。

直接子どもに対するときも、

「やめようか」

「無理しなくていいよ」

などといった後ろ向きな言葉でなく、

「よし、頑張ろう」

「諦めないでやってみようか」

などというように、前向きで粘り強さにつながる言葉がけを意識したい。

こうした日常の何気ない親子のやりとりを通して、子どもは非認知能力を身につけていくのである。ゆえに、自分の日常の口癖も含めて心理傾向をつかみ、非認知能力を高めるように心がけることが、子どもの非認知能力の向上につながっていくのである。

# 第 5 章

# 子ども時代の習慣形成でレジリエンスを高める

## 読書にみる習慣形成の威力

勉強でもスポーツでも仕事でも、目標に近づくためには、努力を継続する必要がある。だが、よほど根気のある者でないと継続するのは難しい。どうしても安易な方に流されがちで、つい怠け心に負けてサボってしまう。何かを継続するには強い意志の力が必要となる。

一念発起して何かを継続的に行おうと心に決めても、怠け心が出て、「まあ、いいか」と中断してしまう。「今日くらい、いいだろう」と中断すると、それがまた癖になり、そのうちやめてしまうといったことにもなりかねない。

それはなにも子どもにかぎらず、大人も同じだ。たとえば、これから毎日早起きしてジョギングしようとか勉強しようとか決めても、いざ朝になって目覚まし時計が鳴ると、眠くてたまらず、「まあ、今日はいいや」と再び寝てしまう。そこで起きるには、強靱な意志の力が必要だ。

でも、早起きが習慣になっている人は、とくに意志の力を発揮しなくても、ごく自然に早起きができる。そして、ジョギングあるいは机に向かうのが習慣になっていれば、当たり前のように行動に移せる。それを継続するのに意志の力を必要としない。

習慣形成の意義は、まさにそこにある。習慣形成によって、意志の力なしに、ほぼ自動的に望ましい行動が取れるようになるのである。

教育現場にいると、学生たちに読書習慣が欠けているのを痛切に感じる。私たちは言葉でものを考えるわけだから、言葉を取り込むきっかけとなる読書をしないというのは、思考力を身につけるという点において非常に深刻な問題である。

そんな話を授業中にすると、刺激を受けた学生が、

「どうしたら本を読めるようになりますか」

「本を読んだことがないんですけど、まず最初はどんな本を読んだらいいですか」

などと相談に来る。本を読んだことのない学生が、いきなり難解な本を読めるわけがないし、読みやすい本にしても長時間読書をするのは難しい。

そこで、意志の力が最小限で足りるように、読みやすい本の例をいくつか紹介しつつ、「電車に乗っているとき、スマホをいじるのを10分だけやめて、本を読むようにしたらどうか」などとアドバイスする。それで徐々に読書時間を伸ばしていった学生もいるが、２週間

後に挫折した学生もいる。

一方で、中高生の頃から読書習慣が身についている学生は、とくに意志の力を借りなくても、ごくふつうに本を読むことができる。だが、読書習慣のない学生があまりに多いため、私は関連書籍を読んで意見・感想をまとめるという課題レポートを数年前に廃止した。ネットであらすじを調べていい加減なことを書く学生たちにちゃんと自分で読むように言ったところ、

「そう言われても無理なんです。読めないんです」

といった声が少なくなかったからだ。

このような習慣の力の偉大さは、教育現場にいる人間ならだれもが経験しているものである。子ども時代の習慣形成というと、食習慣や睡眠習慣、運動習慣といった基本的な生活習慣を身につけさせることを思い浮かべる人が多いかもしれないが、社会的に望ましい行動を自ら取れるようになるための習慣形成の威力も侮れない。

## 近代の著名哲学者も習慣形成に言及

哲学者であり、近代教育思想の確立にも大いに貢献したジョン・ロックは、習慣形成が教育において担う役割を強調している。

「子供の精神の形成とその早期の鍛錬には大いに注意しなくてはなりません。これらのことは、いつも将来の子供の生活に影響を与えるのです」（ジョン・ロック　服部知文訳『教育に関する考察』岩波文庫、以下同書）とし、子ども時代に望ましい行動を習慣化することが将来の生活に大きな影響を及ぼすとするが、とくに強調されるのが克己心である。

「体力は主として困難に耐えることにあるごとく、また精神力についても同様です。そしてあらゆる徳と価値の偉大な原理と基礎が置かれていますのは、人間は自己の欲望を拒み、自己の傾向性をおさえ、欲望が別の方向へ傾いても、理性が最善として示す処に純粋に従うことができるという点です」

このように、負荷をかけることによって身体が鍛えられるのと同じく、自分の欲望を我慢することによって精神力が鍛えられるとする。そして、欲望を我慢する力は子どもの頃からの習慣によって培われる、といった視点を示している。

「あらゆる美徳と美質の原理は、理性が認めないような自分自身の欲望を充足することを自ら斥ける力にあることは、明らかであると思われます。この力は、習慣によって得られ、増進されまた早くから実行して、わけなく身近なものにすべきです。そこで、もし耳をかしてもらえるなら、通常の方法に反して、子供はゆりかごにいる間からさえ、自分の欲望を克服し、熱望するものをもたずに我慢することに慣れるようにすべきだ、と忠告したいと思います」

自分の思い通りにならないような状況になると、すぐに落ち込んだり、かんしゃくを起こしたりする者がいる一方で、そんなときも冷静さを失わず、頑張り続けることができる者もいる。そこには、いわゆるレジリエンスの違いがある。

レジリエンスという概念は当時はなかったわけだが、今風に言えば、そのレジリエンスの違いをもたらすのが、幼い頃から自分の欲望のコントロールを習慣化できているかどうかだというのが、ロックの考えだと言ってよいだろう。

ロックは、子ども時代に欲しいものを何でも与えられ我慢せずに育った者は、大人になってから酒に溺れたり女に溺れたりするが、我慢する習慣を身につけてきた者はけっしてそのようなことはないといった例をあげ、「その相違は欲望があるとかないとかいうことではなくて、その欲望のうちにあって自己を統御し、克己する力にあります。若いときに、自己の意志を他人の理性に服従させることになれていない者は、自己の理性を活用すべき年齢になっても、自分自身の理性に傾聴し従うことは、めったにないものです」とする。

そして、そのような違いは子どもの頃のしつけに起源があるとし、「一方の子供は欲しがったり、わめいたりするものを与えられるのが習慣になっており、他方の子供はそんなものなしに我慢するのが習慣になっている」というように、どのような習慣を身につけているかによって大人になってからの人生が大きく違ってくることを強調している。

## レジリエンスを高める子育てができていない日本の現状

最近の日本の若者にみられるレジリエンスの低さが、教育界でも産業界でも深刻な問題とされているが、それには「ほめて育てる」という子育てや教育によってポジティブな気分にしてもらえるのが習慣化し、ネガティブな気分を持ち堪える力が身につかず、逆境に弱くなっているといった事情があると私は考えている。

大阪市からの依頼で2006年に私が実施した調査についてはすでに述べたが、今度は大阪市内の幼稚園教諭を対象として2007年に私が実施した調査結果の一部を紹介したい。そこでは、最近の園児の親を見ていて気になることとして、「過度に世話を焼く親が目立つ」(気になる者65%、気にならない者14%)、「とにかく甘やかす親が目立つ」(気になる者57%、気にならない者19%)、「自己中心的な親が目立つ」(気になる者45%、気にならない者22%)、「マナーが悪い親が目立つ」(気になる者59%、気にならない者18%)、「子どもをしつけるという自覚のない親が目立つ」(気になる者47%、気にならない者24%)、「べったりしすぎる親が目立つ」(気になる者41%、気にならない者27%)などが上位にあげられていた。

これをみると、過度に世話を焼く親、甘やかす親、子どもをしつけるという自覚のない親、子どもにべったりしすぎる親など、いわゆる子どものレジリエンスを鍛える働きかけの乏しい親が目立つことを多くの幼稚園教諭が懸念していることがわかる。このような育てられ方をした園児たちが、今10代後半の若者になっているのである。

さらに、それからほぼ10年経った２０１６年に、山形市の放課後児童クラブや子ども教室等で子どもたちの相手をしている人たちを対象に私が実施した調査では、「甘やかす親が増えていると思う」が72・０％（そう思わない２・６％）、「厳しくしつける親が少なくなっていると思う」が72・４％（そう思わないが２・６％）、「子どもの機嫌を窺うような親がいるのが気になる」が65・５％（気にならないが７・８％）、「きちんと叱れない親が多いように思う」が78・４％（そう思わないが６・５％）、「厳しく叱ると子どもが傷つくと思っている親が多いと思う」が51・８％（そう思わないが12・２％）、「子どもの心を鍛えるという視点が今の教育には足りないと思う」が81・０％（そう思わないが０・９％）などとなっている。

すなわち、子どもたちと日常的にかかわっている他人の大人たちのほとんどが、今どきの親には子どものレジリエンスを鍛えようという意識がきわめて乏しいと感じていることがわかる。

ロックによるつぎのような指摘は、そんな今の日本の状況に対する教訓ともなっている。

「人びとが自分の子供を育てるに当って、わたくしが認めてきた重大な誤謬はつぎの事でした。すなわち（中略）然るべき時期に十分注意されなかったこと、最初精神がもっとも柔軟で、もっともたわめ易いときに規則に柔順で、理性によく従うようにしておかなかったことでした。（中略）子供たちには、（あきれた話ですが）いかにも逆らってはいけない、子供はなんでも思うままにさせてやらねばならぬ、子供は幼い間は大して悪い習慣もつかぬものだから、少々不規則な生活をさせてもけっこう大丈夫」などと考え、子供の強情な癖を直させようとせず、そのままにしておこうとするような子どもを溺愛する甘い親は、習慣というものの偉大さを見逃している。そのように注意を促す。

そして、「両親は子供が小さいときにその機嫌をとり、甘やかして子供のうちにある生まれつきの性能を台無しにする（中略）その子供が大きくなり、これらの悪習を身につけていると（中略）餓鬼どもは厄介で手に負えないと嘆き」がちだが、「これらのことは、両親自身が子供の心に吹き込み、後生大事に育てたもの」なのだという。

結局のところ、「自由と放縦は、子供にはけっして良い結果を与えません。子供には判断力が欠けているので、束縛と訓練が必要」なのだとしている。

まさに今の日本の状況に対して重要な示唆を与えるものとなっている。

## 「そのままの自分を認める」の勘違い

子ども時代にレジリエンスを鍛え損なうことになる要因のひとつに、「そのままの自分でいい」「無理しなくていい」という心のケアの決まり文句がむやみに世の中に広まってしまったということがある。そこに誤解が生じ、子どもの行動や心理傾向をそのまま認め、修正しようとしないといった方向に行ってしまっている。

ありのままの自分を受け入れる、つまり自己受容が、前向きに生きる上で重要な意味をもつのは言うまでもない。

だが、それは、未熟で至らないところもたくさんあるが、日々一所懸命に頑張って健気に生きている自分を認めてあげよう、まだまだ未熟だからといって自分を責めるのはやめよう、そのままに受け入れよう、という意味である。

けっして今のままでいいという意味ではない。そのままでいい、変わる必要がないというなら、そこには何の成長もない。それでは、傷つきやすい子は、いつまでたっても傷つきやすい心を抱えて、事あるごとにひどく落ち込み、いったん落ち込むとなかなか立ち直れず、そんな自分に自己嫌悪して、ウツウツとした日々をずっと送り続けなければならない。

子どもをそのようにさせてしまっていいのだろうか。親として、子どもにそんな人生を送ってほしいと望むだろうか。できることなら、ちょっとしたことでいちいち傷ついたり落ち込んだりしないですむように、もっと前向きに生きられる強い心を手に入れさせたいと思わないだろうか。

そもそも「そのままの自分でいい」「無理しなくていい」という心のケアの決まり文句は、心が極端に傷ついて病理水準にあるときに、こんな状態で頑張れというのは酷だということで、現実生活から緊急避難させて一時的に保護するためのものだ。

それを日常場面に当てはめる風潮が広まったせいで、日頃から努力することも頑張ることもせず、自己コントロール力を高めることもせず、弱く未熟で傷つきやすい自分をそのままに生きている若者が目立つようになった。

何でも売り物にする時代である。カウンセリングマインドを子育て用に商品化する動きに、惑わされないようにしたい。

心が鍛えられていないため、ちょっとしたことにもひどく傷つく。何かにつけて自信がない。自信がなく不安が強いため、他人の何気ない言葉や態度を必要以上に気にする。嫌なことがあるたびに大きく落ち込み、前に進めなくなる。すぐに気持ちが萎縮し、頑張ることができない。その結果、不満や愚痴だらけになり、自己嫌悪に苛まれ、ますます自信を失っていく。

要するに、レジリエンスの低さが後ろ向きの人生にさせてしまうのだ。

ゆえに、大切なのは、「そのままの自分でいい」「無理しなくていい」といった緊急時の心のケアのセリフを平常時に適用しないことである。そして、レジリエンスを高めるべく、心を強く鍛える工夫をすることだ。

## 「傷つけない」子育てより「傷つきにくい心に鍛える」子育て

これまでの章でみてきたように、子どもたちが傷つかないような教育をしていたら、傷つきに弱い人間になってしまう。

小さな失敗をたびたび経験したり、なかなか思う通りにならない状況を何とかもちこたえる経験を積み重ねていくことで、傷つきにくい人間がつくられていくのである。

子どもを傷つけない手法を商品として売り込む際に、子どもをうっかり傷つけると、それがトラウマ（心的外傷、わかりやすく言えば、その後の人生に暗い影を落とす心の傷）となり、前向きに生きられなくなるなどといった脅し文句が使われる。だが、そのようなトラウマを生むのは虐待のような極端な場合である。

トラウマになるから子どもを傷つけてはいけないなどと言うのは、いきなり30キロのバーベルを上げさせられて筋肉を痛めた人がいるからといって、筋力を鍛えるのは危険だからやってはいけないと言うようなものである。その理屈がおかしいのはだれでもわかるはずだ。筋力を鍛えるには、無理のない範囲で重荷を背負わせる、つまり少しずつ負荷を高めていくのがコツとなる。

心の負荷も同じだ。小さな失敗や苦しい状況を繰り返し経験することで、失敗や苦境に対する免疫力が高まり、多少のことでは傷つかない、たとえ傷ついてもへこたれずに頑張ることのできるタフな心がつくられていく。

その意味では、何かと過保護にして子どもが傷つかないように配慮するのは逆効果と言わざるを得ない。それでは厳しい現実を生き抜くたくましい心は育たない。多少の傷つきに耐えることができ、苦しい状況でもへこたれないたくましさを身につけることで、本人は自信をもって厳しい現実に立ち向かうことができる。

そこで必要なのは、ちょっとやそっとのことでは投げやりになったり心が折れたりしないように心を鍛えておくこと、いわば免疫をつけておくことである。

今流行りの「傷つけない」子育てでは傷つきやすい人間が生み出されていく。子どもを傷つけないように気をつかうばかりで厳しいことを言わない子育てや教育では、子どものレジリエンスが鍛えられない。実際、傷つきやすい若者が増えていることは、学校や職場で多くの人が感じているはずだ。

ダメなことはダメときっぱり伝え、わがままや規則違反が通用しないことを毅然として示す厳しさの中で、子どもの心は鍛えられていく。今強く求められるのは、「傷つけない」子育てでなく、「傷つきにくい心に鍛える」子育てであり、教育であろう。

## 「欲求のまま」では人生につまずく

今の日本では、傷つけない子育て、我慢させない子育てが大流行だが、それが大きな勘違いに基づいていることがわかったと思う。

現実を生きるとき、自分の欲求がすべて叶うことなどあり得ない。欲しいものが手に入ることもあれば、どうしても手に入らないこともある。努力が実ることもあれば、頑張ったのに成果が出ないこともある。能力が認められることもあれば、認めてもらえないこともある。性格を好意的に評価してもらえることもあれば、好意的に評価してもらえないこともある。それが現実である。何でも自分の思い通りになるわけではない。

そういう現実をしぶとく生きていけるように導くのが親に課せられた使命と言える。したがって、幼いうちから何でも思い通りになるわけではないことを教えることが大事であり、そのような状況に耐えられるように、ときに我慢させることも必要である。それによって欲求不満耐性が高められていく。

日本の子育てが混乱しているのは、「こうあるべき」という枠組みが緩み、崩壊していることが影響しているのではないか。

男はこうあるべき、女はこうあるべきといった性別の規範も緩み、個人の自由が尊重されるようになった。長男だから家業を継ぐのが当然といった規範も緩み、本人の自由にさせてやりたいという親が増えてきた。ある年頃になったら結婚して家を出るべきといった規範も緩み、結婚しない生き方もよしとする風潮が強まってきた。あらゆる面で、個人の自由が尊重される世の中になってきた。

だからといって何でも好き勝手にできるというわけではない。そのことを何らかの枠組みで子どもに教え込んでいかねばならない。ところが、あらゆる枠組みが崩れてきているため、親としてどのように教え込んだらよいのかわからない。

そこにもってきて、「好きなことをして生きればよい」「好きなことを仕事にするように」「嫌なことはしなくてよい」などといったメッセージが世の中に広まっているため、親として自信をもって叩き込むべき社会規範がよくわからなくなる。

そこで、子どもに規範を叩き込むことを忘れ、子どもの自由を尊重していればよいと考える親が増えている。

## 過度な自由の尊重は不自由な心を生み出す

今の10代後半から20代の若者がしつけを受け始めた、あるいはしつけを受けている最中であった2001年度の「家庭の教育力再生に関する調査研究」(文部科学省委託研究)では、家庭の教育力が低下している理由の1位は「子どもに対して過保護、甘やかせすぎや過干渉の親の増加」(66・7%)であった。

甘い親が問題だという認識がもたれている割には、「どういう親でありたいか」という質問に対する回答として、「何でも話し合える友だちのような母親」「できるだけ子どもの自由を尊重する父親」「できるだけ子どもの自由を尊重する母親」をあげる者が8割に達している。一方、「子どもを甘やかさない、きびしい父親」でありたいという者は17%、「子どもを甘やかさない、きびしい母親」でありたいという者は11・7%と、厳しい親でありたいという者はわずか1割から2割程度にすぎない。

親が子どもにどのようなことを期待するかを調べた国際調査(「家庭教育に関する国際比較調査」国立女性教育会館、2004、2005年度)についても第1章で触れたが、「親の言うことを素直にきく」ことを子どもに強く期待するという親は、フランスで80・1%、アメリカでも75・2%と圧倒的多数なのに対して、日本ではわずか29・6%であった。また、「学校でよい成績をとる」ことを強く期待するという親も、アメリカでは72・7%、フランスでも70・1％と7割を超えているのに対して、日本ではわずか11・9％しかいなかった。

このような意識調査のデータをみると、子どもを厳しく鍛えたいと思っている欧米諸国とは対照的に、今の日本の親が子どもを自由にさせておきたいという思いを強くもっていることがわかる。

ほめて育てることをアメリカから取り入れるなら、アメリカのようなメチャクチャ厳しく切り捨てる厳しさも取り入れないとバランスが取れないのである。だが、日本にはそんな厳しさはない。

アメリカには、ほめるけれども、言うことを聞かないのは許さないという親の厳しさ、能力を発揮できなければいくら頑張っても留年させるという学校の厳しさがある。日本の場合、親も学校もそのように切り捨てる厳しさがなく、心理的一体感があるため、言葉でほめることはせずに、言葉だけは厳しくしていた。

ところが、そうした文化的背景を考慮せずに、アメリカは正しい、日本は遅れている、といった感じで何でもアメリカ流を取り入れようとするから、おかしなことになってくる。

結局、厳しさ抜きにほめて育てるようになり、忍耐力も頑張る力も鍛えられず、自由ばかりを尊重されすぎた結果、社会適応に苦しむ若者が少なくない。忍耐力や頑張る心を身につけないままに大きくなり、日々苦しい思いに苛まれている若者も目立つ。

このように未熟な子どもの自由をどこまでも尊重しようとする家庭のしつけや学校の教育のせいで、自己コントロール力が身につかないままに大きくなり、社会適応がうまくいかず、不自由な思いをすることになるのである。

ここで改めて浮上してくるのが習慣形成の重要性である。しつけなどという強制力を連想させるものは排除すべきだ、子どもの自由を尊重すべきだ、などという声もあるが、自由なままでは社会的存在になっていけない。

子ども時代にしつけという強制力によって習慣形成が行われることで、社会的に望ましい行動習慣が内面化され、自発的に社会的に望ましい行動を取るようになる。はじめのうちは大人から強制され、受動的にそれを繰り返させられていた子どもたちが、そのうち自ら主体的にそれをするようになる。

強制力というと、体罰や虐待を連想するのか、それを否定する教育評論家もいるが、強制力というのは、なにも力ずくを意味するものではない。もちろん厳しい言い方で従わせるということもあろうが、機会を設定したり、模範となる言葉を注入したりするのが一般的である。

その結果、あいさつをするようになったり、自分勝手な行動を取らないようになったり、友だちと争わないようになったり、本を読むようになったり、宿題をするようになったりする。強制力によって無理やりやらされていたことが、習慣が形成されるにつれて、強制力なしでも行われる内発的な行動となっていく。

基本的な型を叩き込むことによって、それを自由に応用する力がつくというのは、スポーツの世界でも芸術の世界でも常識であるが、それは人間形成のあらゆる側面に当てはまるものなのではないだろうか。

## 「かわいそう」の勘違い

「ほめて育てる」「叱らない子育て」といったキャッチフレーズが広まっているため、子どもが聞き分けのないことを言っても厳しいことを言えず、「かわいそうだから」と何でも子どもの言うことを聞いてしまう親がいる。

子どもをあまり叱らないという親は、ほめると子どもはすごく無邪気で嬉しそうな顔をするけど、叱るとシュンとしたり泣いたりしてかわいそう、だから叱らないようにしている、というようなことをよく口にする。

どんな子どもだって叱られれば落ち込むだろう。そんなわが子をみれば、かわいそうという気持ちも湧いてくる。でも、そうした近視眼的な同情は、けっして子どものためにならない。叱られたときは落ち込んで、かわいそうかもしれないが、歪んだ行動や自分勝手な態度が改まらないままに大きくなったら、将来もっと深刻な意味でかわいそうなことになる。

現に、甘やかされて育ち、好ましくない行動やわがままな態度が改まらずに大きくなったため、友だちとうまくいかずに悩む人物や、職場で信頼されずに悩む人物も少なくない。

大阪市の幼稚園の先生たちを対象に私が実施した調査では、最近の親をみていて気になることとして、ほぼ半数（47％）が、「子どもをしつけるという自覚のない親が目立つ」としているが、長期的な展望のもとに子どもを育てるという姿勢が欠けている親が増えているのではないか。目の前でシュンとする子がかわいそうという視点よりも、このまま自分の歪みや弱味に気づかずに大きくなってしまったらかわいそうという視点に立つことができないようなのだ。

つい最近のことだが、叱らない親が多くなっているという話題が出た際に、学生たちに思うことを書いてもらった。以下に、その中の最大公約数的な代表的な意見をいくつかあげてみよう。

「叱らない親は無責任だと思う。叱るのはかわいそうだと思うのかもしれないが、叱られない結果、マナーや常識が欠落した人間になってしまったとしたら、そちらの方が子どもにとって不幸なことではないだろうか」

「叱られることで、これはやってはいけないと身をもって知ることができる。叱られないと、人を傷つけるようなことも平気でしてしまうと思う。人のことを考えられる人間にするために叱ることは不可欠だと思う」

「叱らない親が増えると、当たり前だが将来我慢を知らないわがままな若者が増えてくると思うし、大人になればきっと上司やお客さまに叱られることがあるだろうから、その免疫をつけておくことも必要だと思う」

「叱らない親が増えると、規律を守れない人や社会に触れたときに簡単に折れてしまう人が増えてしまう。叱られることで人は成長するのではないか」

「親に叱られていないと、学校や職場で怒られたときにダメージがより大きくなると思う。それに、子どもが何かしたときに叱らないと、子どもは反省できないし、わがままで利己的な行動をとって周りから悪く思われてしまい、かわいそうなことになると思う」

「叱られていない友だちは、学校で先生から叱られたり、よその人から注意されると、ふてくされていたので、叱られていないと自分が悪いと反省することができなくなると思う」

「私の親はほとんど叱りませんでした。そのせいか、外や学校で注意されたり怒られるとしばらく引きずってしまうので、叱られることで免疫をつけておくことは必要だと思う」

「私の親はよく叱るので、叱らない親に憧れていました。しかし、よく叱られてきた私は、学校やバイト先でどんなに理不尽なことで叱られてもメンタルが潰れることはありません。でも、叱らない親のもとで育った子は、口喧嘩で泣いたり、すぐに弱音を吐いたり、人として弱いところがあります」

　このように、つい最近まで親から育てられる立場にあった学生たちでも、叱らないことの弊害と叱られることによる恩恵を実感しているのである。

そういう気づきのきっかけは、ここで述べられているように、親から叱られてこなかった友だちや自分自身の心理傾向だったりするが、その他に今の学生は飲食店でアルバイトをしていて、そこで子どもが人に迷惑をかけていても叱らない親をみかけて呆れることが多いのも影響しているようだ。

学生たちは、アルバイト先で、子どもが騒いだり走り回ったりして周囲に迷惑をかけているのに注意しない親、子どもがふざけていて他のお客にぶつかっても子どもに「大丈夫？」と言うだけでぶつかった相手に謝らない親など、叱らない親をよくみかけるという。そのような親に対して、

「他人に迷惑をかけるようなことをしたらちゃんと怒るべきだと思います」

「周囲に響くような叱り方はしなくていいですが、最低限の注意はしてほしいと思います。子どもが迷惑行為をやめないのは、子どもの責任ではなく、叱らない親の責任だと思います」

「叱らない親は、子どもから好かれたいだけで、教育を放棄してるんだと思います」

などと批判的な目を向けている。なかには、前は叱らない親がいいと思っていたが、アルバイトで社会に触れ、子どもが迷惑行為をしているのに叱らない親が多いのをみて、叱らない親はダメだと思うようになったという学生もいた。

## 親の気迫が子どもに社会性を注入する

私は、幼稚園児の頃、乱暴な遊び方をしていて先生から叱られたのを覚えている。先生がオルガンを弾いてみんなを呼び集めているのに、園庭での遊びに夢中で教室に戻らず、先生から叱られることもよくあった。それによって、ケガをしかねない危ない遊び方をしてはいけないことを学び、規則に従うことを学んだ。

小学校時代もよく叱られたものだ。とくに小学校4年生から5年生のときの担任の先生は厳しかった。私には、宿題をするという習慣が身についていなかった。それまでの担任の先生が厳しく叱らなかったからだ。叱られなければ、まだ小さな子どもだし、衝動に任せて遊び回っている方が楽しいにきまっている。ところが、その先生はとてつもなく厳しかった。宿題が出るたびに忘れるわけだから、毎日のように厳しく叱られた。その叱り方は半端じゃなかった。迫力があった。

そのお陰で、宿題をするという行動が私の中に定着した。「20歳になる頃にはワシに感謝するはずだ」と言われたのを覚えているが、すでに中学生の頃に感謝していた。

所属する社会のメンバーとしてふさわしい態度や行動様式を身につけさせることを社会化というが、叱ることは社会化の重要な手段となっている。

子どもは、自然の状態だと衝動のままに動く。子どもの自由にさせるということは、衝動のままに動くことを認めることになるが、それでは社会生活を送れない。

授業中にじっとしていられずに教室の中を走り回ったり、校庭で遊びたくて教室から出て行ったりして叱られる。友だちがもっているオモチャで遊びたくなり、友だちからオモチャを奪い取って叱られる。ムシャクシャして友だちを殴って叱られる。掃除するのが面倒くさくて掃除当番をサボって叱られる。いたずら心からバカなことをして叱られる。怠け心に負けて宿題をせずに叱られる。ずるいことをして叱られる。友だちに意地悪をして叱られる。

このように叱られる経験を重ねることで、子どもたちは衝動をコントロールすることを学んでいく。叱られなければ野生のままだ。衝動に任せて動き回るだけでは、社会的存在になっていけない。

だが最近は、「ほめて育てる」「叱らない子育て」といったキャッチフレーズが世の中に広まり、生徒の保護者がそうした考えに染まっているため、学校の先生は厳しく叱ることができない。ゆえに、衝動のままに動く野生の子どもを社会的存在にしていく役割を親が引き受けるしかない。

そこで問われるのが、親の気迫だ。うっかり叱ると子どもが傷つくなどという誤ったメッセージに影響され、穏やかな調子で注意したらどんなことになるだろうか。子どもは素直に言うことを聞くようになるだろうか。

子どもにも親の言う理屈はわかるだろう。でも、頭でわかったからといって行動が変わるわけではない。大人だってそうだ。タバコをやめないといけないと頭ではわかっていてもやめられない。甘いものを控えないとまずいと頭ではわかっていても、つい食べてしまう。ましてや、これから自己コントロール力を身につけていく段階の子どもが、理屈がわかったからといって行動を変えられるかというと、それは難しい。

笑顔で注意されたり、穏やかに注意されたりして行動を改めるというのは、すでにかなり高度に自己コントロール力を身につけている場合だ。

人間は理屈で動くよりも感情で動く。まずは感情に訴えるものがないと子どもは変わらない。表情を引き締めて、厳しい雰囲気で叱る。その役割を親が引き受けなければならない時代になったのである。

## 叱られることで「折れない心」がつくられていく

私が教育委員会の仕事をしていた頃、中学校などで教師が授業中に態度の悪い生徒を叱ったのに対して、関係ない生徒の保護者が怒鳴り込んでくるケースが増えているのが話題になったことがあった。叱られた生徒は、しょっちゅう悪さをして家でも叱られているため、ケロッとしている。ところが、おとなしい生徒が、教師の怒る姿をみてショックを受けるというのだ。そのせいで不登校になったり、そこまでいかなくても学校に行きたくないと言い出したりするケースがあるから大変なのだ。それで、親でもほとんど叱ったことがないのに、先生が生徒を怖がらせるなんて、とクレームがくるというのだった。

そのような子の場合は、親の言うことをよく聞く子で、いたずらもせず、やるべきことをきちんとやるため、叱る必要がないのかもしれない。あるいは、けっこうわがままに振る舞っていても、親が甘やかして叱らないということなのかもしれない。いろんなケースがあるだろうが、叱られることによって心が鍛えられるといった側面があることを忘れてはいけないだろう。

負荷がかかることによって心が強く鍛えられるということはすでに指摘したが、叱るというのも負荷の一種である。

人に迷惑をかけるようなことをしたり、義務を怠ったり、ずるいことをしたり、悪いことをしたりしたときに、叱られることで、行動が改まるだけでなく、心が鍛えられていく。叱られないで育つ子は、心を鍛えられる機会が少ないため、将来挫折に弱くなってしまう可能性もある。

叱られることが少なくなってから、「心が折れる」という子どもや若者が増えてきたことからしても、親として子どもを叱ることを恐れてはいけないだろう。

企業などでは、最近の若者は傷つきやすいからうっかり叱れないということがよく言われている。部下のためを思って叱ったのに、感情的に反発され、戸惑う上司。指導の一環としてごくふつうに叱ったのに、パワハラだと言われておろおろする上司。これでは経験や知識・スキルの伝達がうまくいかず、若手を戦力に鍛え上げることができない、と嘆く管理職も少なくない。

こうした現状に対して、保身的で事なかれ主義の上司や、部下を鍛えようという思いより嫌われたくないという思いの方が強い上司は、何の葛藤もなく部下を適当に甘やかす。だが、部下を一人前に鍛え上げなければと真剣に考える上司は、部下の指導の仕方に頭を悩ませている。

このような構図の原点は、すでに幼児期・児童期の親や教師と子どもとの関係にある。叱ることができない親や教師が、社会に出てから鍛えてもらうのが苦手な人間、ちょっとしたことで傷つき反発したり落ち込んだりする人間を生み出している面があるのではないか。

## 叱るテクニックより、その背後にある思い

叱らない親、叱れない親の問題が教育の場で議論されるようになって久しい。その弊害も指摘されるようになり、子育て雑誌や子育てサイトなどの取材で、上手な叱り方を教えてほ

しいと言われることが多くなった。

感情的になりすぎないとか、人格攻撃にならないように行為と人格を切り離すとか、注意すべき点はもちろんある。

街角や店の中で親が声を荒げて子どもを叱っている場面に出くわすことがあるが、そこまで感情的にならなくてもいいだろうにと思う。そんな見苦しい叱り方をしている親をみて、叱らない子育てに共感する人もいるかもしれない。そのような感情コントロールができない親をモデルとして育つ子は、やはり感情コントロールができなくなる可能性もある。ゆえに、叱り方にもコツがあるわけだ。

しかし、ほんとうに大事なのは、表面的なテクニックよりも、叱るという行為の背後にある親の思いだろう。

ほめて育てるのがよいと言われるようになって、ほめることや叱ることのもつ意味を曲解している大人が増えてきたように思われる。

発達心理学においては、子どもが健全に育つには、養育者との間に基本的信頼感の獲得が大切だとされ、そのためには自分のことを愛情をもって見守ってくれている、自分は愛されていると実感することが必要だとされる。それによって子どもは自分に価値があると感じ、自己肯定感をもてるようになる。

それはそうなのだが、だからといって叱らない、叱ってはならないということにはならない。叱らないというのは、必ずしも愛情の表れとはみなされない。自分のことを叱らない親や教師を子どもはどうみるだろうか。叱らずにほめていれば、愛されていると感じ、信頼の絆ができるというわけではないだろう。むしろ、あえて嫌われ役を買ってでも厳しく叱ってくれる親や教師に対して、信頼できるという思いを抱くということがあるのではないか。

親から叱られた経験について、大学生にもなれば、叱ってくれた親の思いがわかり、感謝していることが多いようだ。以下は、親から叱られた経験を振り返ってもらったときの学生の手記の一部である。

「はじめて強く怒られたのが先生だったりすると、子どもはどうすればよいのかわからないと思うので、親が先にしっかり叱り、反省の仕方とかを教えておくべきだと思う」

「私は親に叱られるときは『絶対子どもを叱らない親になろう』と心に決めるのですが、後で冷静になると、親が叱ってくれたお陰で今の自分があると思えて、子どもを叱ることは大切だと考え直します」

「私は小さい頃から悪いことをすると厳しく親に叱られてきました。そのときは本当に嫌で、厳しすぎると不満でしたが、今思うと私を思ってのことですし、ありがたく思います。叱られないで育つと、社会人になってから叱られることのありがたさに気づけず、へこたれてしまうと思います」

「私の親はとても厳しく、よく怒られました。小さいときはとても嫌でした。でも、今になってみると、そのお陰で少しのことでは折れないし、部活でもバイトでも怒られるとやめる人がいるのに、私はやめようと思いません。怒られていない人よりたくましく育ったのかなと思います」

「本気で叱ってくれるのは親だけだと思う。私の親は、私を叱りながら私の悪い点をいろいろ指摘してくれたが、それは社会人になったときに苦労しないようにという親心からだ。それに気づかせてくれた親にいつも感謝している」

子どもからどう思われるかなど考えずに、ひたすら子どものためを思う姿勢があれば、その思いはいつか子どもに通じるようだ。子どもの将来を考えて叱るのであれば、どう叱るとまずいのか、どう叱るのがよいのかなどと気にせずに、自分の思いを正直にぶつけていけばよいということだろう。

## 最後は信じて見守ること

レジリエンスを高める、つまり傷つきにくく、折れにくい心をつくるには、傷つけないように過保護にするのではなく、負荷をかけること、そして苦しい状況を前向きに受け止められるような声がけをすることが大切だということを指摘してきた。

それに関連して、最近の子どもたちの生育環境をみていて気になることをもうひとつ指摘しておきたい。それは、やたらとサポート体制を整備しようとする最近の教育界の風潮である。

サービスというのは、凝り始めるとついつい過剰になっていくものである。子どもを傷つけてはいけないということになると、傷つく可能性が考えられるありとあらゆるケースを想定して、傷つけないような過剰な配慮が行われる。それによって、子どもたちはポジティブな気分を味わうことができるが、ネガティブな気分に陥らざるを得ないような状況に弱いままになってしまう。ネガティブな気分を持ち堪える力が身につかない。だからすぐに反発したり落ち込んだりするのだ。

問題を感じるのは、学校などによる、傷つかないようにと過剰にサポートする体制づくりばかりではない。たとえば、失敗した際のサポートのやりすぎということもある。失敗して落ち込んでいる子に対して、さりげなく励ましの言葉をかけるのは大切なことに違いない。だが、そこにもサービスの過剰といった風潮がみられる。ケアをしすぎるのだ。あまりにやりすぎると、自分で立ち直ることができなくなる。先生や親からサポートされないと立ち直れない心になってしまう。

本来、教育の観点からして大事なのは、子どもたちが自分自身の力で失敗による落ち込みから立ち直っていけるように促すこと、さらには失敗から学べるような心の発達を促すことであって、「こんなに子どものサポートをしています」とアピールすることではないはずだ。

だが、最近の教育や子育ての現場では、そのあたりの勘違いが横行しているように思われてならない。塾業界も、子どもに対する懇切ていねいなサポート体制を売り物にしている。

そのような過剰なサポートは、塾業界のみならず、学校教育の現場でも行われるようになっている。それが子どもたちから生きる力を奪っていくことが見逃され、保護者までもが過剰なサポートを望むため、それが売り物になるのだ。

今の教育界は、子どもを傷つけてはいけないといった発想にとらわれすぎているように感じられる。そのせいで、小さな失敗をして、落ち込む気持ちを何とか持ち堪えようと自分で自分を勇気づけ、自力で乗り越えようと奮闘するといった、失敗への耐性を身につける機会が子どもたちから奪われている。それでは将来厳しい現実の荒波にさらされながら困難に立ち向かっていくことができない。

そこで、あえて提言したいのが、つぎの２点である。

①子どもが失敗することで傷つかないようにといった配慮をしすぎない

②失敗して傷ついた子どもをサポートしなければと思いすぎない

このように言うと、いじめに気づかず放置するような無責任な教育環境を助長する発言だといった懸念が表明されたりしかねない。だが、それは虐待という極端な例を持ち出すことで鍛えることを否定する論法と同じで、論点のすり替えにすぎない。

子どもたちの様子に気を配ることは、もちろん非常に大切である。注意を喚起したいのは、直接的サポートばかりに走るのではなく、間接的なサポートを心がけるべきときもあるのではないかということである。

温かい関心をもってそっと見守るといった形の間接的サポートによって、子どもたちはネガティブな気分を持ち堪える訓練ができ、自分で自分を励まし奮い立たせる心理メカニズムを徐々に構築していくことができる。

さらには、逆境を切り抜けるために自分自身で試行錯誤する貴重な経験ができる。

もちろん、ただ無関心に放置するわけではなく、落ち込みがひどいときは、声がけをするなど直接的サポートに乗り出すことになる。

結局のところ大事なのは、子どもの力を信じて温かく見守ることなのではないだろうか。直接的サポートを受けて立ち直るばかりでは、自分で立ち直っていく力が鍛えられない。そのことを大人の側が十分に自覚して子どもとかかわっていく必要があるだろう。

# おわりに

伸びる子どもは○○がすごい。○○とは何なのか。本書をお読みいただいた方はもうおわかりかと思う。

わが子には「できる子」になってほしい。それは、親ならだれもが願うことのはずだ。では、そのためには何が大切なのか、どうしたらよいのか。

そこで大きな勘違いが横行している。そのせいで、子どもの頃に身につけるべき能力を身につけさせることをせず、よけいなことにエネルギーを費やさせる。その結果、残念なことになってしまう。

子ども時代の過ごし方によって、その後の人生は大きく左右される。それはだれもが感じているはずだ。

大学のゼミや講座の教員として、あるいは学生相談室のカウンセラーとして、30年以上にわたって学生たちとかかわってきた経験からも、学生が抱える深刻な悩みの根っ子に幼少期以来の育ちの問題が潜んでいるのを感じたものである。

幼少期の影響力が大きいとはいっても、子ども時代の過ごし方によって将来の学歴や年収まで決まってくると言われると、いかがわしさを感じる人もいるだろう。ネット時代になって、人の不安や好奇心を煽るような情報が飛び交うようになった。そこで、この手の情報もどうせ何の根拠もない、いい加減なものに違いないと思うかもしれない。だが、これは学術的な研究によって実証されていることなのである。

子どもの頃に非認知能力を身につけることができた子と、うまく身につけることができなかった子では、大人になってからの生活に大きな差がみられたのだ。では、どうしたらよいのか。

それについては本文で詳述したので、ここで繰り返すことはしないが、今流行りの子育て法や教育法をむやみに信奉しない方がよいということは改めて強調しておきたい。そして、子どもビジネスのマーケティング戦略に踊らされないように、十分警戒心をもつようにしたい。

今、頑張れない若者、我慢できない若者、傷つきやすい若者が増えているというのは、学校でも職場でも多くの人が感じるところだろうが、その責任は若者自身にあるわけではない。そのような生育環境を用意する大人の側の責任である。子育ても教育もサービス産業に取り込まれつつある今日、子どもを守ってやれるのは、もはや親しかない。

そんな思いから、今子育てをしている人に知っておいてほしいことを発信することにした。これは、まさに子育てをめぐって日々格闘している日本経済新聞出版社編集部の細谷和彦さんと、今の若者たちの現状や子どもたちの生育環境について語り合う中で生まれた企画である。

ふつうの父親よりもかなり子育てにかかわってきた私としても、強い思い入れのあるテーマである。ぜひ多くの方々に子どもたちを取り巻く諸事情を知っていただきたい。そして、わが子を「伸びる子」にするためのヒントをつかんでいただきたい。

2019年9月

榎本　博明

**榎本博明** えのもと・ひろあき

心理学博士。１９５５年東京生まれ。東京大学教育心理学科卒。東芝市場調査課勤務の後、東京都立大学大学院心理学専攻博士課程中退。川村短期大学講師、カリフォルニア大学客員研究員、大阪大学大学院助教授等を経て、現在ＭＰ人間科学研究所代表。著書に『ほめると子どもはダメになる』『「上から目線」の構造』『薄っぺらいのに自信満々な人』『その「英語」が子どもをダメにする』『50歳からのむなしさの心理学』など多数。

ＭＰ人間科学研究所
mphuman@ae.auone-net.jp

日経プレミアシリーズ 412

# 伸《の》びる子《こ》どもは○《まる》○《まる》がすごい

二〇一九年十月八日 一刷
二〇二一年四月二十六日 一六刷

著者 榎本博明
発行者 白石 賢
発行 日経ＢＰ
日本経済新聞出版本部
発売 日経ＢＰマーケティング
〒一〇五—八三〇八
東京都港区虎ノ門四—三—一二
装幀 ベターデイズ
組版 マーリンクレイン
印刷・製本 凸版印刷株式会社



ISBN 978-4-532-26412-3 Printed in Japan

日経プレミアシリーズ 373

## かかわると面倒くさい人

榎本博明

シンプルな話を曲解してこじらせる、持ち上げないとすねる、みんなと反対の意見を展開せずにはいられない、どうでもいいことにこだわり話が進まない、「私なんか」と言いつつ内心フォローされたがっている……なぜあの人は他人を疲れさせるのか？ 職場からご近所、親戚関係まで、社会に蔓延する「面倒くさい人」のメカニズムを心理学的見地から徹底的に解剖する。

日経プレミアシリーズ 313

## 「みっともない」と日本人

榎本博明

言いたいことが言えない、すぐに謝る、周囲の空気を読みすぎる……日本人の心理構造は何かとネガティブに語られがち。しかし、世間体を気にし、「みっともない」を恐れる心性こそが、実は社会の秩序を保ち平和を保っている。日本社会の欧米化に警鐘を鳴らし〝日本流〟を世界で活かすためのヒントを提案する。

日経プレミアシリーズ 281

## 薄っぺらいのに自信満々な人

榎本博明

どんなときも前向き、「完璧です！」と言いきる、会社の同期や同級生といつも一緒、Ｆａｃｅｂｏｏｋで積極的に人脈形成……こんなポジティブ志向の人間ほど、実際は「力不足」と評価されやすい？ ＳＮＳの普及でますます肥大化する承認欲求と評価不安を軸に、現代人の心理構造をひもとく。

日経プレミアシリーズ 139

## 「上から目線」の構造

榎本博明

目上の人を平気で「できていない」と批判する若手社員、駅や飲食店で威張り散らす中高年から、「自分はこんなものではない」と根拠のない自信を持つ若者まで――なぜ「上から」が気になるのか。心理学的な見地から、なぜ「上から」なのか。そのメカニズムを徹底的に解剖する。

日経プレミアシリーズ 328

## 大学付属校という選択

おおたとしまさ

大学入試改革開始を2020年度に控え、中学受験で大学付属校の人気が高まっている。入試改革の不透明さを回避するためだけでなく、大学受験にとらわれることのない教育そのものが「脱ペーパーテスト」路線の高大接続改革を先取りしているからだ。早慶MARCH関関同立の11大学に焦点を当て、大学付属校で学ぶ意義を探る。

日経プレミアシリーズ 232

## 進学塾という選択

おおたとしまさ

東大理Ⅲ合格者の半数は、同じ塾出身である。――「名門」とされる学校は数多くあるが、学力最上位層が通う進学塾は実はごく少数に限られている。進学塾は必要悪なのか。学校には果たせず、塾が果たしている役割とは何か。中学受験進学塾や名門一貫校生御用達塾の実態から、地方別有力塾、塾と教育の今後まで、塾のすべてがわかる。

日経プレミアシリーズ219

## アラフォー男子の憂鬱

常見陽平　おおたとしまさ　編著

ガンダムブーム、受験戦争、ウィンドウズとインターネットの登場、就職氷河期、金融危機……。団塊ジュニアで、ロスジェネでもある最後のマス世代も、いまやアラフォー。大きく変動した社会で、彼らは何を経験し、何を感じたか。そして、これからどこへ向かうのか。さまざまなテーマの「共通体験」をもとに、人気論者4人が自らの世代の「これまで」と「これから」を論じ尽くす。

日経プレミアシリーズ172

## 中学受験という選択

おおたとしまさ

スポーツに打ち込むのは「素晴らしい」のに、なぜ勉強に打ち込むのは「かわいそう」なのか？　中学受験、そして中高一貫校での教育は、子どもを大きく成長させる機会。塾・学校選びから、正しい併願戦略、試験に成功するための心構えまで、この一冊で中学受験の「すべて」がわかる。

日経プレミアシリーズ408

## モンスター部下

石川弘子

SNSで会社や取引先の誹謗中傷を垂れ流す若手社員、年下の上司に〝逆パワハラ〟を働くシニア社員、「働き方改革」を盾に仕事放棄するイクメン社員、義務を果たさず権利ばかり主張する女性社員――あり得ないようなトラブルを巻き起こす「モンスター部下」が増殖、管理職の頭を悩ませている。彼らの実態とタイプ分類、そして適切な対処について、社労士が解説する。